Collège
Anglais

Repères clés 6e - 5e - 4e - 3e

Avec la collaboration de

Fabienne Laurent

rue des écoles

ISBN : 978-2-82080-482-2

Sommaire

Grammaire – La phrase

Grammaire – Le groupe nominal

Grammaire – Le groupe verbal

Vocabulaire

Les phrases déclaratives et interrogatives

L'essentiel du cours

Phrases déclaratives affirmatives

- La phrase affirmative suit le schéma : sujet + [auxiliaire] + forme verbale + [complément].

Nota bene : Un mot entre crochets signifie que sa présence n'est pas obligatoire.

- On ne sépare jamais le groupe verbal de son complément. Tout complément circonstanciel est placé en début ou en fin de proposition.

Ex. : *Here and there I could see nice daffodils.* (Je voyais, de-ci de-là, de jolies jonquilles.)

Phrases déclaratives négatives

- La négation *not* est toujours attachée à un auxiliaire.

Ex. : *My sister isn't (is + not) superstitious.* (Ma sœur n'est pas superstitieuse.)

- Si la phrase affirmative ne comporte pas d'auxiliaire (phrase au présent ou au prétérit simples), on utilise l'auxiliaire *do/ does* ou *did* à la forme négative.

Ex. : *Sue doesn't (does + not) want a cat.* (Sue ne veut pas de chat.)

Questions fermées (*Yes/ No questions*)

- Ces questions auxquelles on répond par « Oui » ou « Non » suivent le schéma : auxiliaire + sujet + forme verbale + [complément] + ?

Ex. : *Do you speak Spanish?* (Parles-tu espagnol ?)

- Elles entraînent une réponse qui suit le schéma : *yes/ no* + sujet + auxiliaire.

Ex. : *Have you met my brother?* (As-tu rencontré mon frère ?)
Yes, I have. (Oui.)/ *No, I haven't.* (Non.)

Questions ouvertes

- Ces questions qui appellent une réponse autre que « Oui » ou « Non » suivent le schéma : mot interrogatif + auxiliaire + sujet + forme verbale + [complément] + ?

Ex. : *Where did you go last summer?* (Où es-tu allé l'été dernier ?)

- *What* et *Who* peuvent être sujets du verbe. Dans ce cas, le sujet conserve bien sûr la première place dans l'ordre des mots.

Ex. : *Who knocked at the door?* (Qui a frappé à la porte ?)

- Le mot interrogatif permet de savoir sur quoi porte la question : *why* (cause) ; *where* (lieu) ; *who* (personne).

Ex. : *Why didn't you come?* (Pourquoi n'es-tu pas venu ?) → cause.

- L'auxiliaire indique le temps de la question.

Ex. 1 : *Who did you meet?* (Qui as-tu rencontré ?) → prétérit.
Ex. 2 : *What are you doing?* (Que fais-tu ?) → présent.

Les phrases impératives et exclamatives

L'essentiel du cours

Phrases impératives affirmatives

- Comme en français, une phrase à l'impératif ne comporte pas de sujet exprimé : elle commence directement par le groupe verbal.

Ex. : *Open your books.* (Ouvrez vos livres.)

- On emploie l'impératif à la forme affirmative pour donner un ordre ou un conseil.

À la deuxième personne (singulier et pluriel) :

- La phrase suit le schéma : base verbale + [complément].

Ex. : *Listen!* (Écoutez !)

- Ces phrases sont parfois suivies du tag *will you?* qui atténue le côté impératif de la demande.

À la première personne du pluriel :

- L'impératif exprime alors une suggestion ; le locuteur est lui-même concerné.

La phrase suit le schéma : *let's* + base verbale + [complément].

Ex. : *Let's have a look in here!* (Voyons ce qu'il y a là-dedans !)

- Parfois, ces phrases sont suivies du tag *shall we?* qui renforce la suggestion.

Phrases impératives négatives

- On emploie l'impératif à la forme négative pour exprimer une interdiction.
- La phrase suit le schéma : *Don't* + base verbale + [complément].

Ex. : *Don't run.* (Ne courez pas.)

Phrases exclamatives

Les phrases exclamatives expriment un sentiment fort (admiration, colère, etc.). On utilise *what* et *such* ou *how* et *so*.

***What* et *such* (avec des noms)**

- *What a/ an* + nom (dénombrable) ou *What* + nom (indénombrable ou au pluriel)

Ex. : *What an amazing story!* (Quelle histoire étrange !)

- Sujet + verbe + *such a/ an*

Ex. : *My husband is such a helpful man!* (Mon mari est un homme si serviable !)

***How* et *so* (avec des adjectifs ou adverbes)**

- *How* + adjectif ou adverbe

Ex. : *How strange!* (Comme c'est étrange !)

- *So* + adjectif ou adverbe

Ex. : *You sing so well!* (Tu chantes si bien !)

Les phrases elliptiques

L'essentiel du cours

Définition

- Une phrase elliptique est une phrase « incomplète » au niveau syntaxique : elle ne suit pas le schéma normal d'une phrase déclarative ou interrogative. Cette structure est très utilisée dans le langage oral, où l'on n'est pas obligé de reprendre tous les termes d'une phrase. Mais on la trouve également à l'écrit.
- Lorsque l'ellipse porte sur le groupe verbal, l'auxiliaire joue un rôle important.

Réponse brève à une question

En anglais, on ne répond pas simplement par « Oui » ou par « Non », mais par une réponse « brève », qui suit le schéma : *yes/ no* + pronom sujet + auxiliaire + [négation].

Ex. 1 : *Do your parents work together?* (Tes parents travaillent-ils ensemble ?)
→ *Yes, they do.* (Oui.)/ *No, they don't.* (Non.)
Ex. 2 : *Is this your dog?* (Est-ce ton chien ?)
→ *Yes, it is.* (Oui.)/ *No, it isn't.* (Non.)

Expression de la similitude ou de la différence

Similitude

Pour réagir aux propos de quelqu'un et dire qu'il en est de même pour soi (ou pour une autre personne), on emploie une phrase elliptique.

- Si l'on réagit à une phrase affirmative, on utilise le schéma : *so* + auxiliaire + sujet.

Ex. : *I can play video games if I've finished my homework.* (Je peux jouer aux jeux vidéo si j'ai terminé mes devoirs.) → *So can I.* (Moi aussi.)

- Si l'on réagit à une phrase négative, on utilise le schéma : *neither* + auxiliaire + sujet.

Ex. : *My parents don't like the music I listen to.* (Mes parents n'aiment pas la musique que j'écoute.) → *Neither do mine.* (Les miens non plus.)

Différence

- Si l'on veut réagir pour dire qu'il n'en va pas de même pour soi (ou d'une autre personne), on utilise le schéma : sujet + auxiliaire + [*not*].

Ex. 1 : *I have a computer.* (J'ai un ordinateur.) → *I haven't.* (Moi non.)
Ex. 2 : *We are not going on holiday this summer.* (Nous ne partons pas en vacances cet été.) → *We are.* (Nous oui.)

- À l'oral, on accentue le sujet.
- Si la phrase de départ est à la forme affirmative, la réaction est à la forme négative, et vice-versa, ce qui est normal puisqu'on exprime une différence.
- Lorsque la phrase de départ ne contient pas d'auxiliaire (phrase au présent ou au prétérit simples), on utilise l'auxiliaire *do/ does* ou *did*.

Les phrases en there + be

L'essentiel du cours

Sens

Pour traduire « il y a » au sens existentiel (indiquer l'existence de quelque chose, et non pas se référer à un moment du passé), on a recours à la tournure *there + be* (conjugué).

Ex. : *There are many people at the concert tonight*. (Il y a beaucoup de monde au concert ce soir.)

Emploi

L'auxiliaire *be* s'accorde avec le groupe nominal qui suit.

Ex. 1 : *There is a good restaurant in this street.* (Il y a un bon restaurant dans cette rue.)

Ex. 2 : *There are many castles in Ireland.* (Il y a beaucoup de châteaux en Irlande.)

There + be à tous les temps

- *There + be* se conjugue à tous les temps.

Ex. 1 : *There are many foreign students in Aix-en-Provence.* (Il y a beaucoup d'étudiants étrangers à Aix-en-Provence.) → présent.

Ex. 2 : *There was an interesting documentary on TV last night*. (Il y avait un documentaire intéressant à la télévision hier soir.) → prétérit.

Ex. 3 : *There has been a terrible storm.* (Il y a eu une tempête terrible.) → present perfect.

- Cette structure peut également comporter un auxiliaire de modalité.

Ex. : *There must be someone in here!* (Il doit y avoir quelqu'un ici !)

There + be à toutes les formes

- Dans une phrase déclarative, *there* prend la place du sujet.

Ex. : *There are twenty classrooms in our school.* (Il y a vingt salles de classe dans notre école.)

- Dans une phrase interrogative, l'auxiliaire *be* passe devant *there.*

Ex. : *Is there someone here?* (Y a-t-il quelqu'un ici ?)

- À la forme négative, l'auxiliaire *be* est suivi de *not*.

Ex. : *There isn't any milk left*. (Il n'y a plus de lait.)

- Dans une phrase interrogative de forme négative, l'auxiliaire *be* et la négation *not* passent devant *there*.

Ex. : *Isn't there anybody here?* (N'y a-t-il personne ici ?)

- Dans une réponse brève, on reprend *there + be* au temps de la question.

Ex. : *Is there an orchestra in your school? – Yes, there is.* (Y a-t-il un orchestre dans ton école ? – Oui.)

Les propositions relatives et complétives

L'essentiel du cours

Les propositions relatives

Rappel

- Une relative est une subordonnée introduite par un pronom relatif qui remplace un antécédent situé dans la principale.
- Lorsque le pronom relatif est complément du verbe de la relative, il peut être omis.

Ex. : *The car [which] my parents have bought is red.* (La voiture que mes parents ont achetée est rouge.)

Les pronoms relatifs

- *Who/ that* remplacent un antécédent humain et sont sujets du verbe qui suit.

Ex. : *My brother, who travels a lot...* (Mon frère, qui voyage beaucoup...)

- *Whom/ that* remplacent un antécédent humain et sont compléments du verbe qui suit.

Ex. : *He's the boy [whom] I love!* (C'est le garçon que j'aime !)

- *Which/ that* remplacent un antécédent non humain et sont sujets ou compléments du verbe qui suit.

Ex. : *The dog which barks...* (Le chien qui aboie...)

- *Whose* remplace un antécédent humain ou non humain et introduit la notion de possession.

Ex. : *Prince William, whose mother was Lady Diana, will be King of England one day.* (Le Prince William, dont la mère était la Princesse Diana, sera roi d'Angleterre un jour.)

Les propositions complétives

- Pour traduire une subordonnée complétive introduite par « que », après un verbe de parole (*say, tell,* etc.), de pensée (*think, know,* etc.), d'opinion (*suppose, imagine,* etc.) ou de sentiment (*feel,* etc.), on emploie la conjonction *that*.

Ex. : *He said that he didn't mind.* (Il a dit que cela lui était égal.)

- Cependant, *that* peut le plus souvent être omis.

Ex. : *I reckon [that] you are aware of the situation.* (Je suppose que vous êtes au courant de la situation.)

- La conjonction *that* n'est obligatoire que dans les deux cas suivants :

– lorsqu'un indicateur de temps vient s'interposer entre le verbe et la complétive ;
Ex. : *Mark announced this morning that he was going to get married.* (Mark a annoncé ce matin qu'il allait se marier.)
– lorsque le verbe de la complétive ne suit pas directement son sujet.

Les emplois de l'infinitif dans la phrase

L'essentiel du cours

Le groupe infinitif

- On trouve un groupe infinitif (*to* + base verbale + [complément]) après des verbes exprimant la volonté, l'intention, tels que *want, wish, decide, try,* etc.
Ex. : *David Beckham decided to be a footballer when he was ten.* (David Beckham décida de devenir footballeur à l'âge de dix ans.)

- Dans une phrase elliptique, le groupe infinitif peut être sous entendu.
Ex. : *When I was eight I wanted to be a nurse; now I don't want to [be a nurse] any more.* (À huit ans je voulais être infirmière ; maintenant je ne le veux plus.)

Infinitif ou gérondif ?

L'infinitif

- On le trouve après les verbes exprimant la volonté, l'intention (voir ci-dessus).
Ex. : *I don't want to see him again.* (Je ne veux plus le revoir.)

Le gérondif (base verbale +*ing*)

- On le trouve après la plupart des prépositions, par exemple *after, before, by, for, on.*
Ex. : *Before being a cook, Fred was an artist.* (Avant d'être cuisinier, Fred était artiste.)

- On le rencontre après des verbes indiquant le début ou la fin d'une action (*start* ou *stop*).
Ex. : *Stop fighting!* (Arrêtez de vous battre !)

- On le trouve après les verbes exprimant un sentiment ou une préférence tels que *like, hate, enjoy, prefer,* etc.
Ex. : *I love phoning!* (J'adore téléphoner !)

Proposition infinitive avec *to*

- On la trouve après des verbes tels que *ask, convince, expect, like, want.*

- Le sujet du verbe à l'infinitif est un nom ou un pronom complément. Il ne renvoie pas à la même personne que celui de la principale.
Ex. : *My parents would like me to be top of the class.* (Mes parents aimeraient que je sois tête de classe.)

Proposition infinitive sans *to*

On rencontre ce type de structure après les verbes *make* et *let,* lorsque ceux-ci expriment une action exercée sur autrui.
Ex. : *During the summer camp they'll make you clean up the nature.* (Pendant le camp d'été, ils vous feront nettoyer la nature.)

Les propositions circonstancielles

L'essentiel du cours

Expression de la cause

- On emploie : *because* (parce que), *since* (puisque), *as* (comme), *given that* (étant donné que).

Ex. : *You can't drive a car because you are not eighteen yet.* (Tu ne peux pas conduire une voiture parce que tu n'as pas encore dix-huit ans.)

Expression de la conséquence

- On emploie *that*, après les adverbes *so/ such*.

Ex. : *Some skyscrapers are so high that you can't see the top from the street!* (Certains gratte-ciels sont si hauts qu'on n'aperçoit pas leur sommet depuis la rue !)

Expression de la condition

- On utilise *if* (si).

– Expression de ce qui va se passer si la condition est remplie : *will* + base verbale dans la principale → *if* + présent dans la subordonnée.
Ex. : *You will win the match if you go on playing that way!* (Tu vas gagner le match si tu continues à jouer ainsi !)
– Expression d'un irréel du présent : *would* + base verbale dans la principale → *if* + prétérit dans la subordonnée.
Ex. : *You would win if you trained more.* (Tu gagnerais si tu t'entraînais davantage.)
– Expression d'un irréel du passé : *would have* + participe passé du verbe dans la principale → *if* + past perfect dans la subordonnée.
Ex. : *I would have won the match if I had followed my coach's advice.* (J'aurais gagné le match si j'avais suivi les conseils de mon entraîneur.)

La subordonnée de condition peut aussi être introduite par d'autres conjonctions, telles que :
– *unless*, qui sert à introduire une condition négative (« à moins que »), et équivaut à *if...not* ;
Ex. : *I won't let you go unless you tell me the truth.* (Je ne te laisserai pas partir à moins que tu ne me dises la vérité.)
– *provided that/ as long as/ on condition that*, qui s'emploient pour introduire une condition qu'il faut respecter ;
Ex. : *You can go out provided that you don't come back after midnight.* (Tu peux sortir à condition que tu ne rentres pas après minuit.)
– *in case*, qui sert à introduire un événement susceptible de se produire.
Ex. : *I'll wait here in case they arrive.* (Je vais attendre ici au cas où ils arriveraient.)

Expression de l'opposition

- On emploie : *although/ though* ou *while/ whereas*.

Ex. 1 : *Although my mum was born in Spain she doesn't speak Spanish.* (Bien que ma mère soit née en Espagne, elle ne parle pas espagnol.)
Ex. 2 : *The English often wear a uniform at school whereas we don't.* (Souvent, les Anglais portent un uniforme à l'école alors que nous n'en portons pas.)

Expression du but

- On emploie : *so that* (pour que), *for fear that* (de peur que).

Ex : *Hurry up so that we can take the 5 o'clock train.* (Dépêchez-vous afin que nous attrapions le train de cinq heures.)

- Construction à l'aide d'une proposition infinitive de but : la subordonnée est alors introduite par *to/ in order to/ so as to* + verbe ; elle exprime une intention.

Ex. : *We had a meeting today in order to discuss next year's programme*. (Nous avons eu une réunion aujourd'hui pour discuter du programme de l'année prochaine.)

Expression du temps

- On emploie les subordonnants *when* (quand) ; *before* (avant que) ; *while* (tandis que) ; *as soon as* (dès que) ; *until* (jusqu'à ce que).

- Ex. : *When I was young I played tennis.* (Quand j'étais jeune, je jouais au tennis.)

Attention : lorsque *when* introduit une subordonnée dans un contexte futur, le verbe qui suit est au présent.
Ex. : *I will phone you, when I'm ready.* (Je t'appellerai quand je serai prêt.)

- Ex. : *Before I could speak the man had gone.* (Avant que j'aie pu dire un mot, l'homme avait disparu.)

- Ex. : *While I was sleeping, I heard a strange noise.* (Tandis que je dormais, j'ai entendu un bruit étrange.)

- Ex. : *We'll send you photos as soon as the baby is born!* (Nous vous enverrons des photos dès que le bébé sera né !)

Attention : dans un contexte futur, *as soon as* est suivi du présent.

Le style direct et indirect

L'essentiel du cours

Le style direct

- Sont au style direct (ou discours direct) les paroles prononcées lors d'un monologue, d'un dialogue, d'une conversation.

- On peut donc y trouver des éléments qui n'appartiennent qu'au langage parlé, comme les interjections ou les exclamations.
Ex. : *"Hey! You! Come here!"* (« Eh, vous ! Venez ici ! »)

- À l'écrit, le style direct est caractérisé par des guillemets et une ponctuation exprimant les sentiments ou l'intention de la personne qui parle (points d'exclamation, d'interrogation).

Le style indirect

Le style indirect (ou discourt indirect) permet de rapporter des paroles prononcées. Les guillemets, les points d'exclamation et d'interrogation du style direct disparaissent.
Ex. : *"Are you coming?"* → *He's asking if we are coming.* (« Venez-vous ? » → Il demande si nous venons.)

Les verbes introducteurs

- On emploie un verbe de parole : *tell* ou *say*.
Ex. : *"I work for a travel agency."* → *He said he worked for a travel agency.* (« Je travaille dans une agence de voyage. » → Il a dit qu'il travaillait dans une agence de voyage.)

- Pour rapporter une question, on emploie *ask* ou *want to know*.
Ex. : *"Where do you live?"* → *He wants to know where we live.* (« Où habitez-vous ? » → Il veut savoir où nous habitons.)

- Pour rapporter une question que l'on se pose à soi-même, on emploie *wonder* (se demander).
Ex. : *"Will they get on well together?"* → *I wonder if they will get on well together.* (« Vont-ils s'entendre ? » → Je me demande s'ils vont s'entendre.)

Les repères spatio-temporels

Les mots se référant au lieu et au moment de l'énonciation sont modifiés.
Ex. 1 : *"I'd love to live here!"* → *She said she would love to live there*. (« J'adorerais vivre ici ! » → Elle dit qu'elle adorerait vivre là.)
Ex. 2 : *"I'll give you a call tomorrow."* → *He said he would give us a call the next day.* (« Je vous téléphonerai demain. » →Il a dit qu'il nous téléphonerait le lendemain.)

Les marques de personne

Les pronoms personnels et les déterminants possessifs sont également modifiés lors du passage au style indirect.

Ex. : *"Can I borrow your MP3 player, please?"* → *Alice asked me if she could borrow my MP3 player.* (« Puis-je emprunter ton lecteur MP3, s'il te plaît ? » → Alice m'a demandé si elle pouvait emprunter mon lecteur MP3.)

Le temps des verbes et des auxiliaires modaux

- Présent → Prétérit

Ex. : *"I love your hairstyle!"* → *She said she loved my hairstyle.* (« J'adore ta coiffure ! » → Elle a dit qu'elle adorait ma coiffure.)

- *Present perfect* → *Past perfect*

Ex. : *"I've never been to Scotland."* → *He said he had never been to Scotland.* (« Je n'ai jamais été en Écosse. » → Il a dit qu'il n'avait jamais été en Écosse.)

- Attention, les phrases déjà au *past perfect* restent au *past perfect* puisqu'on ne peut pas aller plus loin dans le passé. Il en va de même pour les groupes verbaux avec *could*, *might*, *should* et *would* (formes déjà au prétérit).

Ex. : *"You should be more patient with your friends."* → *He said that I should be more patient with my friends.* (« Tu devrais être plus patient avec tes amis. » → Il a dit que je devrais être plus patient avec mes amis.)

Rapporter une question

- Questions fermées : il n'y a plus d'inversion sujet-auxiliaire et la conjonction *if* (si) introduit l'interrogation.

Ex. : *"Would you like some tea?"* → *He wants to know if we would like some tea.* (« Désirez-vous du thé ? » → Il demande si nous désirons du thé.)

- Questions ouvertes : le mot interrogatif est conservé et l'ordre des mots redevient celui d'une phrase déclarative.

Ex. : *"How long are you staying in Ireland?"* → *They want to know how long we are staying in Ireland.* (« Combien de temps restez-vous en Irlande ? » → Ils veulent savoir combien de temps nous allons rester en Irlande.)

Rapporter une phrase à l'impératif

- Impératif positif : base verbale → *to* + base verbale.

Ex. : *"Go to your place."* → *She told me to go to my place.* (« Va à ta place. » → Elle m'a dit d'aller à ma place.)

- Impératif négatif : *don't* + base verbale → *not to* + base verbale.

Ex. : *"Don't come back alone."* → *She told me not to come back alone.* (« Ne rentre pas seul. » → Elle m'a dit de ne pas rentrer seul.)

Le nom

L'essentiel du cours

Le pluriel d'un nom

Pluriels réguliers et irréguliers

- Pour former le pluriel d'un nom, on ajoute en général un *-s* à la fin du nom.
- Les noms se terminant par *-s, -z, -x, -ch, -sh, -is* ont un pluriel en *-es*.

Ex. : *a bus* (un bus) → *buses*

- Les noms se terminant par *-o* ont un pluriel en *-es* (sauf les mots d'origine étrangère).

Ex. : *a tomato* (une tomate) → *tomatoes*, mais *a piano* → *pianos*.

- Les noms se terminant par une consonne + *-y* ont un pluriel en *-ies*.

Ex. : *a party* (une fête) → *parties*

- Les noms se terminant par *-f* ont un pluriel en *-ves*.

Ex. : *a leaf* (une feuille) → *leaves*

- Quelques pluriels irréguliers : *a man/ a woman* (un homme/ une femme) → *men/ women*; *a child* (un enfant) → *children; a foot* (un pied) → *feet; a tooth* (une dent) → *teeth; a mouse* (une souris) → *mice*.

Cas particuliers

- Certains noms ont une valeur de pluriel et ne prennent pas de *-s* final : *people* (des gens), *advice* (des conseils), *information* (des renseignements), etc. Ils sont cependant suivis d'un verbe au pluriel.

Ex. : *People are waiting for the bus.* (Des gens attendent le bus.)

- D'autres noms ont une signification différente selon qu'ils sont ou non au pluriel : *hair* (la chevelure, les cheveux)/ *hairs* (les poils).
- Certains noms sont toujours au pluriel car ils désignent un objet qui se présente sous forme de « paire » : *trousers* (pantalon), *pyjamas* (pyjama), *glasses* (lunettes), etc.

Noms dénombrables et indénombrables

- Les noms dénombrables désignent des êtres ou des objets que l'on peut compter. Ils se mettent au singulier ou au pluriel.
- Les noms indénombrables désignent tout ce qui ne peut pas être compté en unités distinctes : les concepts (*knowledge*: la connaissance), les sentiments (*love*: l'amour), les aliments (*meat*: la viande), etc. Ils se mettent toujours au singulier.
- Pour désigner une unité dans ce cas, on a recours à un dénombreur.

Ex. : *Can you buy six bottles of milk, please?* (Peux-tu acheter six bouteilles de lait, s'il te plaît ?)

Voici des noms indénombrables associés à un dénombreur : *bread* (pain) → *a loaf of bread* (un pain) ; *furniture* (mobilier) → *a piece of furniture* (un meuble) ; *information* (renseignements) → *an element of information* (un renseignement).

● Savoir si un nom est dénombrable ou indénombrable permet de lui attribuer un déterminant approprié.
Ex. 1 : *How much meat does a lion eat a day?* (Quelle quantité de viande un lion mange-t-il par jour ?)
Ex. 2 : *Many girls play soccer nowadays.* (Beaucoup de filles jouent au football de nos jours.)
On voit ici qu'il faut mettre *much* devant un nom indénombrable et *many* devant un nom dénombrable. De même on met *little* devant un nom indénombrable et *few* devant un nom dénombrable.

La formation d'un nom

La dérivation

● On peut former un nom en ajoutant à un autre nom un préfixe ou un suffixe.
Ex. : *child* (enfant) → *childhood* (enfance) ; *friend* (ami) → *friendship* (amitié).

● Certains noms sont formés par dérivation à partir d'un verbe.
Ex. : *to sing* (chanter) → *a singer* (un chanteur).

● Enfin, un nom peut être formé à partir d'un adjectif.
Ex. : *kind* (gentil) → *the kindness* (la gentillesse).

La composition

● Deux mots permettent d'en former un troisième. C'est ainsi que sont formés les noms composés.
Ex. : *home + work = homework* (maison + travail = les devoirs)

● Le mot placé en dernière position est le mot essentiel ; celui placé avant sert à le déterminer. Pour comprendre un nom composé, le sens de lecture est donc de droite à gauche.
Ex. : *bus + driver = a busdriver* (bus + chauffeur = un chauffeur de bus).

● Les mots qui forment le nom composé peuvent être réunis par un trait d'union (*self-control* = le sang-froid), attachés (*honeymoon* = la lune de miel) ou séparés (*rock climbing* = l'escalade). Il n'y a pas de règle précise.

● On peut former des noms composés de différentes façons :
- nom + nom : *a tea bag* (un sachet de thé) ;
- nom + verbe en *-ing* : *horse-riding* (l'équitation) ;
- adjectif + nom : *a blueberry* (une myrtille).

Les déterminants/ Le cas possessif

L'essentiel du cours

L'article défini *the*

- Il correspond aux articles français « le, la, les ».
- Il désigne ce qui est clairement défini dans l'esprit de celui qui parle, soit parce qu'il s'agit d'une chose unique (*the sun, the Queen of England,* etc.), soit parce qu'elle est déterminée.
Ex. : *The girl I met yesterday is very nice.* (La fille que j'ai rencontrée hier est très gentille).
- On met toujours l'article *the* devant un instrument de musique.
Ex. : *My sister plays the saxo very well.* (Ma soeur joue très bien du saxophone.)
- On l'emploie également devant les noms de pays au pluriel (*the USA, the Netherlands,* etc.).

L'article indéfini *a/ an*

- Il correspond aux articles français « un, une ».
- *A* se place devant les noms commençant par une consonne.
Ex. : *a car* (une voiture)
- *An* se place devant les noms commençant par une voyelle.
Ex. : *an octopus* (une pieuvre)
- On emploie *a/ an* devant un nom dénombrable singulier désignant un être ou une chose qu'on ne connaît pas ou dont on parle pour la première fois.
Ex. : *Can I have a plastic bag, please?* (Puis-je avoir un sac en plastique, s'il vous plaît ?) → Il s'agit d'un sac indéterminé, et non pas d'un sac en particulier.
- On place toujours l'article *a/ an* devant un nom de métier au singulier.
Ex. : *My mother is an actress*. (Ma mère est actrice.)

L'article « zéro » [ø]

- Il est employé :
– pour désigner des généralités, que les noms soient dénombrables ou indénombrables ;
Ex. 1 : *I hate* [ø] *spiders.* (Je déteste les araignées.)
Ex. 2 : *Every human being has a right to* [ø] *happiness.* (Tout être humain a droit au bonheur.)
– devant les noms dénombrables au pluriel (il correspond alors à l'article français « des ») ;
Ex. : *I've bought* [ø]*tickets for tonight's concert.* (J'ai acheté des billets pour le concert de ce soir.)

– devant les noms indénombrables exprimant une quantité indéfinie ; il se traduit alors par « du » ou « de la ».
Ex. : *We forgot to buy* [ø]*butter.* (Nous avons oublié d'acheter du beurre.)

- À noter : l'article « zéro » est employé devant des noms de pays au singulier ([ø]*England,* [ø]*France*, etc.). Il précède les titres suivis de noms propres ([ø] *Queen Elizabeth II,* [ø]*Prince Charles*, etc.).

Les déterminants démonstratifs

- *This/ that* (ce, cette) font au pluriel *these/ those* (ces).
- *This / these* sert à désigner quelqu'un ou quelque chose de proche (dans le temps ou dans l'espace).
Ex. : *I would like to try these shoes, please.* (Je voudrais essayer ces chaussures, s'il vous plaît.)
- *That/ those* sert à désigner quelqu'un ou quelque chose de plus éloigné (dans le temps ou dans l'espace).
Ex. : *Do you remember how happy we were in those days?* (Te souviens-tu comme nous étions heureux en ce temps-là ?)

Les déterminants possessifs

- Le déterminant possessif s'accorde seulement avec le possesseur.
Ex. : *Lucy is looking for her dog.* (Lucie cherche son chien.) → C'est le chien de Lucie, donc on emploie *her*, féminin, 3e personne du singulier.
- Les formes sont : *my* (mon, ma, mes) ; *your* (ton, ta, tes) ; *his* (son, sa, ses – possesseur masculin), *her* (son, sa, ses – possesseur féminin), *its* (son, sa, ses – possesseur non humain) ; *our* (notre, nos) ; *your* (votre, vos) ; *their* (leur, leurs).

Le cas possessif

- On emploie le cas possessif (ou génitif) pour exprimer une relation d'appartenance (le possesseur étant un être vivant) ou dans certaines expressions évoquant une date, une durée, une distance. Pour évoquer ce qui appartient à un seul possesseur, on ajoute 's au nom du possesseur.
Ex. 1 : *This is my sister's bag.* (C'est le sac de ma sœur.)
Ex. 2 : *I am reading today's newspaper* (Je suis en train de lire le journal d'aujourd'hui.)
- S'il y a plusieurs possesseurs, on ajoute simplement l'apostrophe. Pour les pluriels irréguliers, on ajoute *'s*.
Ex. 1 : *You are in my parents' house.* (Tu es dans la maison de mes parents.)
Ex. 2 : *Here you are in the children's bedroom.*(Ici, tu es dans la chambre des enfants.)

Les quantifieurs indéfinis

L'essentiel du cours

Some, any, no

- Ils peuvent s'employer devant un nom dénombrable ou indénombrable.
- On emploie *some* dans les phrases déclaratives de forme affirmative.

Ex. : *There are some people waiting at the door.* (Il y a des gens qui attendent à la porte.)

- On emploie *any* dans les phrases déclaratives de forme négative.

Ex. : *I haven't got any money left!* (Il ne me reste plus d'argent !)

- Dans les phrases interrogatives, on emploie *any* si on n'a aucune idée de la réponse, et *some* si on pense (ou si on espère) que celle-ci sera positive.

Ex. 1 : *Have you got any brothers or sisters?* (Avez-vous des frères et sœurs ?)
Ex. 2 : *Would you like some more tea?* (Désirez-vous encore du thé ?)

- *Some* et *any* peuvent ne pas être suivis du nom qu'ils déterminent si celui-ci a déjà été mentionné.

Ex. : *Mum has made some cookies. Do you want some [cookies]?* (Maman a fait des cookies. En veux-tu ?)

- Pour exprimer une quantité nulle, on emploie *no* ou *not any*.

Ex. : *He hasn't any problems = He has no problems.* (Il n'a aucun problème.)

Much et *many*

- Ces quantifieurs expriment l'idée d'une grande quantité (« beaucoup de »).
- *Much* quantifie un nom indénombrable.

Ex. : *There's much wind today.* (Il y a beaucoup de vent aujourd'hui.)

- *Many* quantifie un nom dénombrable.

Ex. : *I have many exercises to do.* (J'ai beaucoup d'exercices à faire.)

- Tous deux peuvent être remplacés par *a lot of*.

Ex. : *There's much wind = There's a lot of wind.*

- Précédés de l'adverbe *too*, ils indiquent un excès (« trop de »).

Ex. : *There's too much wind.* (Il y a trop de vent.)

- Pour éviter les répétitions, on peut mettre le nom déterminé.

Ex. : *Have you got many friends? – No, not many [friends].* (As-tu beaucoup d'amis ? – Non, pas beaucoup.)

Little et *few*

- Ils expriment l'idée d'une petite quantité (« peu de »).
- *Little* quantifie un nom indénombrable.

Ex. : *I'll have very little milk, please.* (Je prendrai très peu de lait, s'il vous plaît.)

- *Few* quantifie un nom dénombrable.

Ex. : *Few pupils study Russian.* (Peu d'élèves étudient le russe.)

- Précédés du déterminant *a*, ils ont une connotation positive.

Ex. : *Few pupils study Russian.*(Peu d'élèves étudient le russe → c'est dommage ; connotation négative.)/ *A few pupils study Russian.* (Quelques élèves étudient le russe → de rares élus ; connotation positive.)

Enough

- Il indique une quantité suffisante (« suffisamment de »).
- Il détermine aussi bien des noms indénombrables que dénombrables.

Ex. : *We have enough petrol to go straight home.* (Nous avons suffisamment d'essence pour rentrer à la maison.)

All, every et *each*

- *All* se traduit par « tout, toute, tous, toutes ». Il peut déterminer aussi bien des noms indénombrables que dénombrables, au singulier ou au pluriel.

Ex. : *I love this actor! I've seen all his films!* (J'adore cet acteur ! J'ai vu tous ses films !)

- Avec *every* (« chaque, tous »), le locuteur passe en revue tous les éléments d'un ensemble.

Ex. : *Every child must put a life jacket on before coming on board.* (Chaque enfant doit mettre un gilet de sauvetage avant de monter à bord.)

- Avec *each* (« chaque »), le locuteur considère individuellement chaque élément d'un groupe.

Ex. : *We want each pupil to succeed.* (Nous voulons que chaque élève réussisse.)

Both et *either/ neither*

- Pour lier ensemble deux éléments, à la forme affirmative on peut utiliser *both* (les deux) ou *either* (l'un ou l'autre).

Ex. 1 : *Both methods lead to the same result.* (Les deux méthodes conduisent au même résultat.)

Ex. 2 : *You can choose either method.* (Vous pouvez choisir l'une ou l'autre méthode.)

- À la forme négative, on emploie *neither* (aucun(e) des deux, ni l'un(e) ni l'autre).

Ex. : *Neither team has managed to score a goal.* (Aucune des deux équipes n'a réussi à marquer un but.)

Les adjectifs

L'essentiel du cours

En anglais, l'adjectif est toujours invariable : il ne s'accorde ni en genre, ni en nombre avec le nom qu'il qualifie.

La place de l'adjectif

- Dans un groupe nominal, en fonction d'épithète, il est toujours placé avant le nom : *I've got a green and red T-shirt.* (J'ai un T-shirt vert et rouge.)
- Dans un groupe verbal, en fonction d'attribut du sujet, il est séparé du nom qu'il qualifie par un verbe d'état : *My T-shirt is green and red.* (Mon T-shirt est vert et rouge.)
- Dans le cas où il y a plusieurs adjectifs, on place directement devant le nom celui qui lui est le plus intimement lié : *short straight blond hair* (des cheveux blonds, raides et courts).

Formation des adjectifs

- Les adjectifs formés à partir d'un participe présent ont un sens actif (*disappointing* : « décevant »), et ceux formés à partir d'un participe passé ont un sens passif (*disappointed* : « déçu »).

- Un adjectif peut être suivi d'un complément. Celui-ci est alors introduit par une préposition : *I'm not very good at Physics and my teacher isn't satisfied with my work.* (Je ne suis pas très bon en physique et mon professeur n'est pas satisfait de mon travail.)

Quelques adjectifs prépositionnels très usités :
- *be good/ bad at* (être bon/ mauvais en) ;
- *be responsible for* (être responsable de) ;
- *be interested in* (être intéressé par, s'intéresser à) ;
- *be polite/ rude to* (être poli/ impoli avec) ;
- *be pleased/ satisfied with* (être content/ satisfait de).

- Les adjectifs composés sont formés de deux mots. Les deux termes peuvent être séparés, réunis par un trait d'union ou encore former un seul mot. Comme pour tout mot composé anglais, la traduction en français se fait de droite à gauche.

Composition	Exemples
adjectif + adjectif	*Jane has green-blue eyes.* (Jane a des yeux bleu-vert.)
nom + adjectif	*I feel homesick.* (J'ai le mal du pays.)
adjectif + nom-*ed*	*We're looking for a long haired man.* (Nous recherchons un homme aux cheveux longs.)
adjectif + verbe-*ing*	*My cousin is a hard-working boy.* (Mon cousin est un bûcheur : il travaille dur.)

Les adjectifs au comparatif

Comparatifs de supériorité (plus... que)

- Adjectifs courts : adjectif + *-er* [+ *than* + complément].

Ex. : *A cheetah is faster than a tiger.* (Un guépard est plus rapide qu'un tigre.)

- Adjectifs longs (deux syllables ou plus) : *more* + adjectif [+ *than* + complément]

Ex. : *Our new car is more comfortable than the old one.* (Notre nouvelle voiture est plus confortable que l'ancienne.)

Comparatifs d'infériorité (moins... que)

Le comparatif d'infériorité se construit selon le schéma : *less* + adjectif [+ *than* + complément].

Ex. 1 : *The last exercise is less easy than the others.* (Le dernier exercice est moins facile que les autres.)

Ex. 2 : *The last episode was less interesting than the others.* (Le dernier épisode était moins intéressant que les autres.)

Comparatifs d'égalité (aussi... que)

Le comparatif d'égalité se construit selon le schéma : *as* + adjectif + *as* + complément.

Ex. 1 : *He's as red as a lobster!* (Il est aussi rouge qu'une écrevisse !)

Ex. 2 : *Is Russian as difficult as Chinese?* (Le russe est-il aussi difficile que le chinois ?)

Les adjectifs au superlatif

- Adjectifs courts : *the* + adjectif-*est*.

Ex. : *Mount Blanc is the highest peak in Europe.* (Le mont Blanc est le plus haut sommet d'Europe.)

- Adjectifs longs (deux syllabes ou plus) : *the most* + adjectif.

Ex. : *Elvis Presley was the most famous rock singer in the sixties*. (Elvis Presley fut le chanteur de rock le plus célèbre des années soixante.)

- Pour traduire « le moins... », la forme est identique pour les adjectifs courts ou longs : *the least* + adjectif.

Ex. : *The last episode was the least interesting.* (Le dernier épisode était le moins intéressant.)

Quelques exceptions

- *good; better; best:* bon(ne) ; meilleur(e) ; le/ la meilleur(e).
- *bad; worse; worst:* mauvais(e) ; pire ; le/ la pire.

Les pronoms

L'essentiel du cours

Les pronoms personnels

Les pronoms sujets

Les formes sont : *I* (je) ; *you* (tu) ; *he* (il), *she* (elle), *it* (pour un antécédent non humain) ; *we* (nous) ; *you* (vous) ; *they* (ils, elles).

Ex. : *We are waiting for the bus.* (Nous attendons le bus.)

Les pronoms compléments

- Les formes sont : *me* (me, moi) ; *you* (te, toi) ; *him* (masculin : le, lui), *her* (féminin : la, elle, lui), *it* (non humain : le, la, lui) ; *you* (vous) ; *us* (nous) ; *them* (les, leur).
- Le pronom complément se met toujours après le verbe.

Ex. : *Can you tell them we are coming?* (Peux-tu leur dire que nous venons ?)

Le pronom personnel indéfini *one*

- C'est l'un des moyens de traduire « on ».

Ex. : *One never knows.* (On ne sait jamais.)

Les pronoms possessifs

- Ils remplacent un groupe nominal formé d'un déterminant possessif et d'un nom.
- Les formes sont : *mine* (le mien, la mienne, les miens/ miennes) ; *yours* (le tien, la tienne, les tiens/ tiennes) ; *his* (masculin : le sien, la sienne, les siens/ siennes), *hers* (féminin : le sien, la sienne, les siens/ siennes), *its* (non humain : le sien, la sienne, les siens/ siennes) ; *ours* (le/ la nôtre, les nôtres) ; *yours* (le/ la vôtre, les vôtres) ; *theirs* (le/ la leur, les leurs).

Les pronoms démonstratifs

This* et *these

Ils désignent quelque chose de proche, dans l'espace ou le temps. *This* s'emploie au singulier et *these* au pluriel.

Ex. : *Which caps do you prefer?* → *I prefer these.* (Quelles casquettes préfères-tu ? → Je préfère celles-ci.)

That* et *those

Ils désignent quelque chose d'éloigné, dans l'espace ou le temps. *That* s'emploie au singulier et *those* au pluriel.

Ex. : *Did you hear that?* (As-tu entendu ça ?)

Les pronoms et autres mots interrogatifs

- Ils introduisent une question ouverte.

Ex. : *What are you doing? – I'm doing my homework.* (Que fais-tu ? – Je fais mes devoirs.)

- Ils commencent tous par *wh-* (sauf *how*). On en dénombre huit : *who* (qui) interroge sur une personne ; *what* (que, qu'est-ce que ou quel) interroge sur un objet ; *which* (lequel ou quel) interroge sur une personne ou un objet en demandant de choisir ; *whose* (à qui) ; *where* (où) ; *when* (quand) ; *why* (pourquoi) ; *how* (comment).
- *How* + adverbe, permet d'interroger sur une distance (*how far*), une durée ou une longueur (*how long*), une fréquence (*how often*).

Ex. : *How far do you live from London?* (À quelle distance de Londres habitez-vous ?)

Les pronoms réfléchis

- On emploie un pronom réfléchi lorsque le sujet et le complément du verbe renvoient à la même personne.
- Les pronoms réfléchis se terminent par *-self* (au singulier) et *-selves* (au pluriel) : *myself* (moi-même) ; *yourself* (toi-même) ; *himself* (lui-même), *herself* (elle-même), *itself* (lui/ elle-même) ; *ourselves* (nous-mêmes) ; *yourselves* (vous-mêmes) ; *themselves* (eux/ elles-mêmes).

Ex. : *She's so proud! She did it herself!* (Elle est si fière ! Elle l'a fait elle-même.)

Les pronoms réciproques *each other* ou *one another*

On emploie *each other* lorsque deux personnes exercent une action l'une sur l'autre ; on emploie *one another* lorsque plus de deux personnes sont concernées.
Ex. : *Tom and Mary love each other.* (Tom et Marie s'aiment.)

Les pronoms indéfinis

Ce sont des composés des quantifieurs *some, any* et *no*, qui se construisent avec *-body* ou *-one* (pour une personne indéfinie) *-thing* (pour une chose indéfinie) ou *-where* (pour un lieu indéfini).

Dans une phrase négative

- Si la négation porte sur le groupe verbal, on emploie un composé de *any*.

Ex. : *We didn't see anybody come in.* (Nous n'avons vu entrer personne.)

- Si la négation ne porte pas sur le groupe verbal, on emploie un composé de *no* (équivalent de *not any*.)

Ex. : *We have nowhere to sleep.* (Nous n'avons nulle part où dormir.)

Dans une phrase interrogative

- Si l'on ne connaît pas la réponse, on emploie un composé de *any*.

Ex. : *Would you like anything to drink?* (Voulez-vous boire quelque chose ?)

- Si l'on s'attend à ce que la réponse soit positive, on emploie un composé de *some*.

Ex. : *Would you like something to drink?* (Voulez-vous boire quelque chose ?)

Les auxiliaires be, have *et* do

L'essentiel du cours

Be (être)

Conjugaison

Be prend la forme *are* au présent à toutes les personnes sauf à la 1re personne du singulier (*am*) et à la 3e (*is*). Au prétérit, *are* devient *were* ; *am* et *is* deviennent *was*.

Emplois

- En tant que verbe conjugué, *be* peut être employé seul.

Ex. : *I am Scottish.* (Je suis écossais.)

Attention, dans une phrase interrogative, *be* se place devant le sujet en tête de phrase.

Ex. : *Ben is 13 years old* → *Is Ben 13 years old?* (Ben a 13 ans → Ben a-t-il 13 ans ?)

À la forme négative, *be* est suivi de *not* (formes abrégées : *isn't, aren't, wasn't, weren't*).

Ex. : *Sally wasn't (was + not) at school this morning.* (Sally n'était pas à l'école ce matin.)

- En tant qu'auxiliaire, *be* permet de former le présent, le prétérit et le *present perfect* progressifs (*be* + base verbale + *-ing*).

Ex. : *The children are playing.* (Les enfants sont en train de jouer.)

- En tant qu'auxiliaire, *be* sert aussi à former la voix passive (*be* + participe passé du verbe).

Ex. : *English is spoken in many countries.* (L'anglais est parlé dans de nombreux pays.)

Have (avoir)

Conjugaison

- Au présent, on a la forme *have* à toutes les personnes, sauf à la 3e personne du singulier (*has*).

Ex. : *Tom has fair hair but his parents have dark hair.* (Tom a les cheveux blonds mais ses parents ont les cheveux noirs.)

- Au prétérit, la forme est *had* pour toutes les personnes.

Ex. : *I had two good marks today!* (J'ai eu deux bonnes notes aujourd'hui !)

Emplois

- En tant que verbe conjugué, *have* peut être employé seul.

Ex. : *The Aborigines in Australia have their own flag.* (Les Aborigènes d'Australie ont leur propre drapeau.)

- Dans le langage oral, le verbe *have* est souvent suivi de *got*.

Ex. : *I've got two brothers.* (J'ai deux frères.)

- Lorsqu'il est auxiliaire, *have* permet de former le *present perfect*

(*have/ has* + participe passé) et le *past perfect* (*had* + participe passé).
Ex. : *We have told Jordan to come.* (Nous avons demandé à Jordan de venir.)

- À la forme négative, *have* est suivi de *not* (formes abrégées : *haven't, hasn't, hadn't*).
Ex. : *We haven't visited Wales yet.* (Nous n'avons pas encore visité le Pays de Galles.)

Do (faire)

Conjugaison

- Au présent, on a la forme *do* à toutes les personnes, sauf à la 3e personne du singulier (*does*).
Ex. : *I always do my homework.* (Je fais toujours mes devoirs.)

- Au prétérit, la forme est *did* à toutes les personnes.
Ex. : *I did everything all by myself!* (J'ai tout fait toute seule !)

Emplois

- En tant qu'auxiliaire, *do* permet de former les phrases interrogatives, négatives, et interro-négatives quand la forme verbale ne comprend pas d'auxiliaire (au présent ou au prétérit simples).
Ex. : *What does Mary sing?* → *Mary doesn't sing rap.* → *Doesn't she sing blues?* → *Yes, Mary sings blues!* (Que chante Mary ? → Mary ne chante pas du rap. → Ne chante-t-elle pas du blues ? → Oui, Mary chante du blues !)

- *Do* peut également être employé comme verbe. Il se traduit par « faire ». Il s'emploie lorsqu'on parle d'une activité, sans en préciser la nature.
Ex. : *What can I do now?* (Que puis-je faire à présent ?)
Il se distingue de *make* qui signifie « faire » dans le sens de créer ou de fabriquer.
Ex. : *Mum makes such delicious cookies!* (Maman fait de si bons cookies !)

- La forme négative *don't* permet d'exprimer l'impératif négatif ; *don't* précède alors la base verbale.
Ex. : *Don't take your car. Take a taxi instead.* (Ne prends pas ta voiture. Prends plutôt un taxi.)

- *Do* permet également d'insister sur ce que l'on affirme (on parle alors de valeur « emphatique »).
Ex. : *I wish you were here.* (J'aimerais que tu sois là.) → *I do wish you were here.* (J'aimerais tellement que tu sois là.)

- *Do* est souvent utilisé dans le cadre d'une reprise interrogative de fin de phrase (*question tag*), lorsque le verbe de la phrase n'est pas un auxiliaire. Cet usage correspond à l'emploi de « n'est-ce pas ? » en français.
Ex. : *You like chocolate, don't you?* (Tu aimes le chocolat, n'est-ce pas ?)

Les auxiliaires modaux/ Les temps

L'essentiel du cours

Qu'est-ce qu'un auxiliaire modal ?

- En tant qu'auxiliaire, un auxiliaire modal est « au service » d'un autre mot, le verbe. Il est dit modal, parce qu'il permet au locuteur d'exprimer son point de vue, en indiquant par exemple ce qu'il faut faire ou pas, ce qu'on a le droit de faire ou pas, etc.
- Il n'a pas d'infinitif, de participe présent, ni de participe passé. Il n'a pas toujours d'équivalent au prétérit.

Les différents auxiliaires modaux

can/ can't (cannot)

- Dire ce qu'on sait ou ne sait pas faire.

Ex. : *I can speak English.* (Je sais parler anglais.)

- Indiquer ce qu'on peut ou ne peut pas faire.

Ex. : *I can't come tomorrow.* (Je ne peux pas venir demain.)

- Exprimer une éventualité (forme affirmative) ou une certitude (forme négative).

Ex. : *It can't be true!* (Cela ne peut être vrai !)

may/ may not

- Formuler une demande très polie.

Ex. : *May I borrow your pen, please?* (Puis-je emprunter votre stylo, s'il vous plaît ?)

- Exprimer une probabilité.

Ex. : *It may rain.* (Il va peut-être pleuvoir.)

must/ mustn't

- Exprimer une obligation (forme affirmative) ou une interdiction (forme négative).

Ex. : *I must be back before dark.* (Il faut que je sois de retour avant la nuit.)

- Exprimer une forte probabilité.

Ex. : *The phone is ringing. It must be David.* (Le téléphone sonne. Cela doit être David.)

could/ couldn't* ou *would/ wouldn't

- Exprimer une demande polie.

Ex. : *Could you give me a hand, please?* (Pourrais-tu m'aider, s'il te plaît ?)

might/ might not

- Exprimer une faible probabilité.

Ex. : *We might go to Paris.* (Il se pourrait que nous allions à Paris.)

should/ shouldn't

- Donner un conseil.

Ex. : *You shouldn't speak that way!* (Tu ne devrais pas parler ainsi !)

will/ will not (won't)

- Évoquer l'avenir.

Ex. : *When you go to Ireland, you'll see very green landscapes.* (Quand tu iras en Irlande, tu verras des paysages très verts.)

- Exprimer sa volonté.

Ex. : *I will survive!* (Je survivrai !)

Les temps

Le présent simple

- Il est formé de la base verbale seule, à laquelle on ajoute un *-s* à la 3ᵉ personne du singulier.

Ex. : *My brother likes rap.* (Mon frère aime le rap.)

- On l'emploie pour parler d'actions qui se produisent régulièrement.

Ex. : *We study maths on Monday.* (Nous faisons des maths le lundi.)

- On l'emploie aussi pour énoncer des vérités générales.

Ex. : *The Earth turns around the Sun.* (La Terre tourne autour du Soleil.)

Le prétérit simple

- On forme le prétérit selon le schéma : base verbale + *ed*, sauf pour les verbes irréguliers qu'il faut apprendre par cœur.

Ex. 1 : *We played soccer yesterday.* (Nous avons joué au football hier.)
Ex. 2 : *We won.* (Nous avons gagné.)

- On l'emploie pour évoquer une action révolue.

Ex. : *When we arrived, we set up our tent, lit a fire and played music in the night.* (À notre arrivée, nous avons monté la tente, allumé un feu et joué de la musique dans la nuit.)

- Ce temps permet donc de traduire le passé simple français et certains emplois du passé composé.

L'expression du futur

En anglais, il n'y a pas de temps futur. Pour évoquer un événement qui n'a pas encore eu lieu, on a recours à différentes structures.

- *Will* + base verbale : l'auxiliaire *will* est employé par le locuteur pour exprimer sa volonté ou sa certitude concernant un événement à venir.

Ex. : *I will survive!* (Je survivrai !)

- L'expression *be going to* + base verbale (avec l'auxiliaire *be* conjugué au présent) s'emploie pour parler d'une intention ou de prévisions (lorsque des indices présents permettent d'anticiper).

Ex. : *It's going to snow.* (Il va neiger.)

- Le présent en *be* + base verbale + *-ing* sert à exprimer quelque chose de programmé (par la volonté du locuteur ou non).

Ex. : *I'm leaving tomorrow.* (Je pars demain.)

Les aspects du verbe/ La voix passive

L'essentiel du cours

L'aspect *be* + base verbale + *-ing*

Cet aspect sert à décrire des actions en cours, inachevées au moment où l'on en parle.

Présent en *be* + base verbale + *-ing*

- Il s'agit du présent progressif. On l'emploie pour évoquer une action en train de se faire.

Ex. : *The actors are rehearsing.* (Les acteurs sont en répétition.)

- Employé avec des indicateurs temporels (*tonight, tomorrow, on Saturday, next week*, etc.), il prend une valeur future et exprime quelque chose de programmé.

Ex. : *Uncle Harry is coming next week.* (Oncle Harry vient la semaine prochaine.)

Prétérit en *be* + base verbale + *-ing*

Il s'agit du prétérit progressif. On l'emploie pour décrire des actions passées qui ont été interrompues par d'autres.

Ex. : *I was writing you an e-mail when you phoned!* (J'étais en train de t'écrire un e-mail quand tu as téléphoné !)

Le parfait

Le *present perfect*

- Il est formé de l'auxiliaire *have/ has* + participe passé du verbe.

Ex : *I have bought a new video game.* (J'ai acheté un nouveau jeu vidéo.)

- On l'emploie pour parler d'une action passée qui a des conséquences au moment où l'on parle.

Ex. : *I've lost my keys!* (J'ai perdu mes clés !) → Je ne sais pas quand j'ai perdu mes clés, ce qui compte c'est que je ne peux pas rentrer chez moi !

- On l'emploie pour tirer un bilan d'expériences passées.

Ex. : *I haven't worked enough this year.* (Je n'ai pas assez travaillé cette année.)

- Le *present perfect* permet aussi d'évoquer une action qui n'est toujours pas terminée au moment où l'on parle.

Ex. : *My Dad has worked for this company since 2000.* (Mon père travaille dans cette société depuis l'an 2000.)

- Il est utilisé avec l'adverbe *just* pour parler d'une action qui vient juste d'avoir lieu.

Ex. : *We've just finished our homework.* (Nous venons de terminer nos devoirs.)

Le *past perfect*

- Il est formé de l'auxiliaire *had* + participe passé du verbe.

Ex. : *I had never been to the theatre before.* (Je n'étais jamais allé au théâtre auparavant.)

- On emploie le *past perfect* pour marquer une antériorité par rapport à un autre verbe au passé.

Ex. : *When we arrived at the airport the plane had taken-off.* (Lorsque nous sommes arrivés à l'aéroport, l'avion avait décollé.)

La voix passive

Définition

Dans une phrase à la voix passive, le sujet subit l'action exprimée par le verbe.
Ex. : *The poor mouse was eaten by the cat.* (La pauvre souris a été mangée par le chat.)

Construction

- La voix passive se construit avec l'auxiliaire *be* + participe passé du verbe.
- L'auteur réel de l'action est désigné par le complément d'agent, placé après le verbe et introduit par la préposition *by*. Ce complément est parfois omis.

Ex. : *Michael Moore's film has been awarded in Cannes [by the jury].* (Le film de Michael Moore a été récompensé à Cannes [par le jury].)

- La voix passive est utilisée souvent pour insister sur celui qui subit l'action.

Ex. : *More than two thousand people were left homeless.* (Plus de deux mille personnes se sont retrouvées sans abri.)

- On l'emploi également pour traduire le pronom personnel indéfini « on » (qui n'existe pas en anglais).

Ex. : *I was told that you were good at dancing.* (On m'a dit que tu dansais bien.)

- La construction doit respecter la concordance des temps : le temps utilisé à la voix active doit être le même à la voix passive.

	VOIX ACTIVE	VOIX PASSIVE
Ex. 1 : avec un verbe régulier, *to chase*, au présent	*The cat chases the mouse.* (Le chat pourchasse la souris.)	*The mouse is chased by the cat.* (La souris est pourchassée par le chat.)
Ex. 2 : avec un verbe irrégulier, *to eat*, au passé	*The cat ate the mouse.* (Le chat a mangé la souris.)	*The mouse was eaten by the cat.* (La souris a été mangée par le chat.)

- Lorsque le groupe verbal est conjugué avec un auxiliaire modal à la voix active, à la voix passive le modal est suivi de *be* et du participe passé du verbe.

Ex. : *You must lock your car at night.* (voix active) → *Your car must be locked at night.* (voix passive)

Les verbes irréguliers : définition

L'essentiel du cours

La distinction entre verbe régulier et verbe irrégulier

• Le prétérit et le participe passé des verbes réguliers se forment en ajoutant *-ed* à la base verbale. Les deux formes sont identiques.
Ex. : *live* (habiter) → *lived* (prétérit) → *lived* (participe passé).
I lived in Scotland. (J'habitais en Écosse.)
You have never lived in Ireland. (Tu n'as jamais habité en Irlande.)

• Mais il existe également des verbes irréguliers qui ne suivent pas cette règle ; il faut alors apprendre leurs formes par cœur.
Ex : *know* (connaître) → *knew* (prétérit) → *known* (participe passé).
She knew all the answers. (Elle connaissait toutes les réponses.)
You have known her since last month. (Tu la connais depuis le mois dernier.)
Ex. : *steal* (voler) → *stole* (prétérit) → *stolen* (participe passé).
He stole money from the drawer. (Il a volé de l'argent dans le tiroir.)
When Peter went back home, he found that his car had been stolen. (Quand Peter est revenu à la maison, il a découvert que sa voiture avait été volée.)

Les emplois du participe passé

• Le participe passé sert à former certains temps du passé comme le *present perfect* et le *past perfect*.
Ex. : *We have eaten delicious seafood in Greece*. (Nous avons mangé de délicieux fruits de mer en Grèce.) *(present perfect).*
Ex. : *My father had lived in Liverpool for two years when he decided to move to Glasgow.* (Mon père vivait à Liverpool depuis deux ans quand il décida de déménager à Glasgow.) *(past perfect).*

• Le participe passé permet également de former la voix passive.
Ex. : *This game is sold 15 dollars.* (Ce jeu est vendu 15 dollars.)

• Enfin, le participe passé peut aussi être utilisé comme adjectif.
Ex. : *After the film, the frightened children refused to go to bed*. (Après le film, les enfants effrayés refusèrent d'aller au lit.)

Les principaux verbes irréguliers

Base verbale	Prétérit	Participe passé	Traduction
be	*was, were*	*been*	être
break	*broke*	*broken*	casser
bring	*brought*	*brought*	apporter
buy	*bought*	*bought*	acheter
choose	*chose*	*chosen*	choisir
come	*came*	*come*	venir
do	*did*	*done*	faire
drink	*drank*	*drunk*	boire
drive	*drove*	*driven*	conduire
eat	*ate*	*eaten*	manger
fall	*fell*	*fallen*	tomber
feel	*felt*	*felt*	ressentir
fight	*fought*	*fought*	combattre
find	*found*	*found*	trouver
get	*got*	*got*	obtenir
give	*gave*	*given*	donner
go	*went*	*gone*	aller
have	*had*	*had*	avoir
hold	*held*	*held*	tenir
keep	*kept*	*kept*	garder
make	*made*	*made*	faire, fabriquer
read	*read*	*read*	lire
ring	*rang*	*rung*	sonner
run	*ran*	*run*	courir, diriger
say	*said*	*said*	dire
see	*saw*	*seen*	voir
send	*sent*	*sent*	envoyer
sleep	*slept*	*slept*	dormir
speak	*spoke*	*spoken*	parler
take	*took*	*taken*	prendre
teach	*taught*	*taught*	enseigner
think	*thought*	*thought*	penser
understand	*understood*	*understood*	comprendre
wear	*wore*	*worn*	porter (un vêtement)
write	*wrote*	*written*	écrire

Fiche **18** Vocabulaire

Entrer en contact avec les autres (1)

L'essentiel du cours

Le cours à écouter

Se présenter

- — *What's your name?* (Quel est ton nom ?)
— *My name is Mary.* (Je m'appelle Marie.)
- — *How old are you?* (Quel est ton âge ?)
— *I'm 15 years old.* (J'ai 15 ans.)
- — *When were you born?* (Quand es-tu né(e) ?)
— *I was born on January 3rd, 1983.* (Je suis né(e) le 3 janvier 1983.)
- — *Where are you from?* (D'où viens-tu ?)
— *I'm from England.* (Je viens d'Angleterre.)
- *I am French/ English.* (Je suis français(e)/ anglais(e).)
- — *Where do you live?* (Où habites-tu ?)
— *I live in London.* (J'habite à Londres.)

- *My phone number is... My address is...* (Mon numéro de téléphone est... Mon adresse est...)

Parler de soi

Famille

- *Have you got brothers and sisters?* (As-tu des frères et sœurs ?)
- *I'm an only child.* (Je suis enfant unique.)
- *My parents have got four children: I'm the eldest and Tom is the youngest.* (Mes parents ont quatre enfants : je suis l'aîné et Tom est le benjamin.)
- *I get on well with my sister but my little brother is a pain!* (Je m'entends bien avec ma sœur mais mon petit frère est une vraie peste !)
- *My parents are divorced. I live with my mother.* (Mes parents sont divorcés. Je vis avec ma mère.)
- *I've got a stepfather / stepmother.* (J'ai un beau-père / une belle-mère.)
- — *What's your father's job?* (Que fait ton père ?)
— *He is a vet.* (Il est vétérinaire.)
- — *What does your mother do?* (Que fait ta mère ?)
— *She works in a bank.* (Elle travaille dans une banque.)
- *My father is unemployed: he's looking for a job.* (Mon père est au chômage : il est à la recherche d'un emploi.)

Portrait physique

- — *How tall are you?* (Combien mesures-tu ?)
— *I am 1 m 65 tall.* (Je mesure 1 m 65.)

- *I'm tall/ short/ thin/ slim/ fat.* (Je suis grand(e)/ petit(e)/ mince/ gros(se).)
- *I've got fair/ red/ brown/ dark hair.* (Mes cheveux sont blonds/ roux/ bruns/ noirs.)
- *I've got long/ short/ straight/ curly hair.* (Mes cheveux sont longs/ courts/ raides/ bouclés.)
- *I've got blue/ green/ grey/ dark eyes.* (Mes yeux sont bleus / verts / gris / noirs.)
- *I wear glasses.* (Je porte des lunettes.)

Parler de ce que l'on sait faire, de ce que l'on ne sait pas faire

Langues parlées

- *Can you speak English?* (Parles-tu anglais ?)
- *I can speak French.* (Je parle français.)
- *I can't speak Spanish.* (Je ne parle pas espagnol.)

Pratiques sportives

- *Do you practise any sport?* (Pratiques-tu un sport ?)
- *I play football in a club.* (Je joue au football dans un club.)
- *She practises swimming everyday.* (Elle pratique la natation tous les jours.)
- *He trains three times a week.* (Il s'entraîne trois fois par semaine.)
- *A sporting event, a championship, a game.* (Une compétition sportive, un championnat, un match.)

Pratiques musicales

- *Do you play any instrument?* (Joues-tu d'un instrument ?)
- *I play the piano.* (Je joue du piano.)

Saluer, prendre congé

- *Good morning! Good afternoon! Hello!* (Bonjour ! Bon après-midi ! Salut !)
- *Nice to meet you.* (Ravi(e) de faire votre connaissance.)
- — *How are you?* (Comment vas-tu ?)
— *I'm fine, thank you.* (Je vais bien, merci.)
- *Goodbye! Have a nice day!* (Au revoir ! Passe une bonne journée !)
- *See you later! Take care!* (À plus tard ! Prends soin de toi !)

Téléphoner, écrire une lettre

Téléphoner

- *Hello, this is Mary speaking.* (Allo, c'est Marie à l'appareil.)
- *May I talk to Sam please?* (Pourrais-je parler à Sam, s'il vous plaît ?)
- *I'm sorry, he's not in right now.* (Je suis désolé(e), il n'est pas là pour l'instant.)
- *Sure! Hold on a moment please.* (Bien sûr ! Veuillez patienter un instant.)

Écrire une lettre

- *Dear Sir/ Madam,...* (Madame, Monsieur,...)
- *Yours sincerely.* (Bien cordialement.)

Entrer en contact avec les autres (2)

L'essentiel du cours

S'excuser, remercier, exprimer des vœux

S'excuser

- *I'm sorry! Sorry! Excuse me!* (Pardon ! Je suis désolé(e) ! Excuse-moi !)
- *Please forgive me.* (Je te prie de m'excuser.)

Remercier

- — *Thank you!* (Je te remercie !)
  — *You're welcome.* (Il n'y a pas de quoi.)
- *My pleasure!* (Tout le plaisir est pour moi !)
- *That's very kind of you.* (C'est très gentil de ta part.)

Exprimer des vœux

- *Have a good time!* (Amuse-toi bien !)
- *Happy birthday! Merry Christmas! Happy New-Year!* (Joyeux anniversaire ! Joyeux Noël ! Bonne année !)
- *I wish you a merry Christmas and a happy New-Year!* (Je te souhaite un joyeux Noël et une bonne année !)

Demander, répondre

- *Can I help you?* (Puis-je vous aider ?)
- — *Can you do me a favour?* (Peux-tu me rendre un service ?)
  — *Sure! What can I do for you?* (Bien sûr ! Que puis-je faire pour toi ?)
- — *Do you fancy going to the cinema?* (Ça te dirait d'aller au cinéma ?)
  — *Why not! I'd love to! That would be great!* (Pourquoi pas ! J'adorerais ça ! Ce serait super !)
- — *Do you mind if I turn off the radio?* (Cela t'embête-t-il si j'éteins la radio ?)
  — *Not at all! Please, do!* (Pas du tout ! Je t'en prie, ne te gêne pas !)

Exprimer ses besoins

- *I'm hungry. Why don't we order some food?* (J'ai faim. Si nous commandions à manger ?)
- *I'm starving: I've had nothing to eat since yesterday night.* (Je meurs de faim : je n'ai rien mangé depuis hier soir.)
- *I'm thirsty. May I have some water please?* (J'ai soif. Puis-je avoir de l'eau, s'il vous plaît ?)
- *Aren't you thirsty? You've had nothing to drink today!* (Tu n'as pas soif ? Tu n'as rien bu de la journée !)

- *The smell of this cake makes me hungry.* (L'odeur de ce gâteau me donne faim.)
- *The heat makes me thirsty.* (Cette chaleur me donne soif.)
- *I'm cold; I'll put the heater on.* (J'ai froid ; je vais allumer le chauffage.)
- *It's freezing cold in here!* (Il fait un froid glacial là-dedans !)
- *I'm boiling hot: can we open a window?* (Je meurs de chaud : peut-on ouvrir une fenêtre ?)
- *It's so hot in this room: let's open the window!* (Il fait si chaud dans cette pièce : ouvrons la fenêtre !)

Percevoir

- *The five senses: eyesight, hearing, smell, taste and touch.* (Les cinq sens : la vue, l'ouïe, l'odorat, le goût et le toucher.)
- *To see, to hear, to smell, to taste and to touch.* (Voir, entendre, sentir (odorat), goûter et toucher.)

Parler de sa santé

- *Ouch! It hurts!* (Aïe ! Ça fait mal !)
- *I have a headache/ a stomach ache.* (J'ai mal à la tête/ J'ai mal au ventre.)
- *He can't speak: he has a sore throat.* (Il ne peut pas parler : il a mal à la gorge.)
- *My feet hurt: I've been walking all day.* (J'ai mal aux pieds : j'ai marché toute la journée.)
- *I feel sick.* (Angleterre)/ *I feel nauseous.* (USA) (J'ai mal au cœur.)
- *Don't worry! This injection won't hurt!* (Ne t'inquiète pas ! Cette piqûre ne fera pas mal !)
- — *How do you feel?* (Comment te sens-tu ?)
  — *I feel good.* (Je me sens bien.)/ *I feel better.* (Je me sens mieux.)/ *I don't feel well.* (Je ne me sens pas bien.)
- — *How is she?* (Comment va-t-elle ?)
  — *She hasn't fully recovered yet.* (Elle ne s'est pas encore complètement remise.)
- *Whenever I'm on a boat, I feel seasick.* (Dès que je monte sur un bateau, j'ai le mal de mer.)
- *I'm tired: I need to get some sleep.* (Je suis fatigué(e) : j'ai besoin de dormir.)
- *We're exhausted: we haven't slept in two days.* (Nous sommes épuisé(e)s : nous n'avons pas dormi depuis deux jours.)

Situer dans l'espace

L'essentiel du cours

LE COURS À ÉCOUTER

Donner quelques repères géographiques

Donner une position géographique

- *She lives in the north/ the south/ the east/ the west of England.* (Elle vit dans le nord/ le sud/ l'est/ l'ouest de l'Angleterre.)
- *New-York is in the north-east of the United States.* (New York se situe dans le nord-est des États-Unis.)
- *Los Angeles is in the south-west of the United States.* (Los Angeles se trouve dans le sud-ouest des États-Unis.)
- *Ayers Rock is in the centre of Australia.* (Ayers Rock se trouve au centre de l'Australie.)
- *Edinburgh is the capital of Scotland.* (Édimbourg est la capitale de l'Écosse.)

Citer des pays, des continents

- *The United Kingdom, The United States, Australia, South Africa.* (Le Royaume-Uni, les États-Unis, l'Australie, l'Afrique du sud.)
- *The British Isles, England, Scotland, Wales, Ireland, the Continent.* (Les Îles Britanniques, l'Angleterre, l'Écosse, le Pays de Galles, l'Irlande, l'Europe Continentale.)
- *North America, South America, Central America.* (Amérique du Nord, Amérique du Sud, Amérique Centrale.)
- *Europe, Asia, Africa.* (L'Europe, l'Asie, l'Afrique.)

Citer des fleuves, des mers, des océans

- *The Atlantic Ocean, the Pacific Ocean.* (L'Océan Atlantique, l'Océan Pacifique.)
- *The Channel, the North Sea, the Mediterranean Sea.* (La Manche, la Mer du Nord, la Mer Méditerranée.)
- *The Thames runs through London.* (La Tamise traverse Londres.)

Indiquer une position

- *It's not very far from here.* (Ce n'est pas très loin d'ici.)
- *It's several miles away.* (C'est à plusieurs dizaines de kilomètres.)
- *It's just a step away.* (C'est à deux pas.)
- *It's on your left/ on your right.* (C'est à votre gauche/ à votre droite.)
- *The pub is just round the corner.* (Le pub est juste au coin de la rue.)
- *It's the only shop in the area. You can't miss it: it's next to the pub.* (C'est le seul commerce dans le quartier. Vous ne pouvez pas le rater : il est à côté du pub.)

- *The bakery is opposite the post office.* (La boulangerie est en face du bureau de poste.)
- *The park is behind the church/ in front of the church.* (Le parc est derrière l'église/ devant l'église.)
- *The square is right in the middle of the town.* (La place est en plein centre-ville.)
- *The station is outside the town: you have to go there by bus or by car.* (La gare se trouve à l'extérieur de la ville : il faut vous y rendre en bus ou en voiture.)
- *Saint James's Park is really not far from Buckingham Palace: it's actually very near!* (Saint James's Park n'est vraiment pas loin du Palais de Buckingham : il est tout près en fait !)

Indiquer une direction

- *Turn left/ turn right.* (Tournez à gauche/ tournez à droite.)
- *It's straight on.* (C'est tout droit.)
- *You have to go back.* (Vous devez revenir sur vos pas.)
- *Walk past the church.* (Dépassez l'église.)
- *Go through the park.* (Traversez le parc.)
- *Walk across the high street, then turn left. Keep walking for a hundred yards and you're there!* (Traversez la grande rue, puis tournez à gauche. Marchez sur quelques centaines de mètres et vous y êtes !)
- *You have to walk across the river Thames to go to Waterloo station.* (Il faut traverser la Tamise pour aller à la gare de Waterloo.)

Demander son chemin

- *Where is the station, please?* (Où se trouve la gare, s'il vous plaît ?)
- *How do you get to the British Museum please?* (Comment se rend-on au British Museum, s'il vous plaît ?)
- *Please can you tell me how to get to Hyde Park?* (Pourriez-vous m'indiquer comment me rendre à Hyde Park je vous prie ?)
- *Is it far from here?* (Est-ce loin d'ici ?)
- *Is it within walking distance or shall we take a taxi/ the bus/ the Tube/ the underground?* (Peut-on s'y rendre à pied ou faut-il prendre un taxi/ le bus/ le métro (de Londres)/ le métro ?)
- *Can we walk there?* (Peut-on y aller en marchant ?)
- *How long will it take to walk there?* (Combien de temps met-on pour y aller à pied ?)

Indiquer le moment, la fréquence

L'essentiel du cours

Le cours à écouter

Indiquer le moment

- — *What's the date today?* (Quelle est la date d'aujourd'hui ?)
— *It's Monday/ Tuesday/ Wednesday/ Thursday/ Friday/ Saturday/ Sunday.* (Nous sommes lundi/ mardi/ mercredi/ jeudi/ vendredi/ samedi/ dimanche.)
- — *What time is it?* (Quelle heure est-il ?)
— *It's ten o'clock/ it's half past one.* (Il est dix heures/ il est une heure et demi.)
— *It's a quarter to one/ a quarter past one.* (Il est une heure moins le quart/ une heure et quart.)
- *The twelve months are: January, February, March, April, May, June, July, August, September, October, November and December.* (Les douze mois sont : janvier, février, mars, avril, mai, juin, juillet, août, septembre, octobre, novembre et décembre.)
- *I leave to work early in the morning and come back at the end of the afternoon or early in the evening. I never work late at night.* (Je pars au travail tôt le matin et rentre en fin d'après-midi ou en début de soirée. Je ne travaille jamais tard le soir.)

Indiquer la durée, la fréquence

La durée

- — *How long will it take?* (Combien de temps cela prendra-t-il ?)
— *It will take half an hour at least/ at most.* (Cela prendra une demi-heure au plus/ au moins.)
- — *How long did you stay in Washington?* (Combien de temps es-tu resté(e) à Washington ?)
— *I stayed there for two years and a half.* (J'y suis resté(e) pendant deux ans et demi.)
- — *How long has she been living in Sydney?* (Depuis combien de temps vit-elle à Sydney ?)
— *She has been living there since 1999/ since she was 25/ for five years.* (Elle y vit depuis 1999/ depuis l'âge de 25 ans/ depuis cinq ans.)

La fréquence

- — *How often do you play football?* (À quelle fréquence joues-tu au football ?)
— *Once a week/ twice a week/ three times a week.* (Une fois par semaine/ deux fois par semaine/ trois fois par semaine.)
- *We meet at the beginning of each month.* (Nous nous rencontrons en début de mois.)

Formuler des souhaits, des hypothèses

L'essentiel du cours

Formuler un souhait, un projet

- *I want to go skiing next winter.* (Je veux aller faire du ski l'hiver prochain.)
- *I'm thinking of going skiing next winter.* (J'envisage d'aller faire du ski l'hiver prochain.)
- *I intend to go on holiday as soon as I can.* (J'ai l'intention de partir en vacances dès que je le pourrai.)
- *I'm determined to go on holiday this year!* (Je suis déterminé(e) à partir en vacances cette année !)
- *I would like you to tell me the truth/ I'd like you to tell me the truth.* (Je voudrais que tu me dises la vérité.)
- *I wish you'd tell me the truth.* (J'aimerais que tu me dises la vérité.)
- *I hope I'll pass my exam.* (J'espère réussir mon examen.)
- *I mean to talk to him as soon as he comes back.* (J'ai l'intention de lui parler dès qu'il reviendra.)

Formuler une hypothèse, une supposition

- *If he has enough money, he will buy a new car.* (S'il a assez d'argent, il achètera une nouvelle voiture.)
- *If he had enough money, he would buy a new car.* (S'il avait assez d'argent, il achèterait une nouvelle voiture.)
- *If he had had enough money, he would have bought a new car.* (S'il avait eu assez d'argent, il aurait acheté une nouvelle voiture.)
- *It looks as if he would like to talk to her.* (On dirait qu'il veut lui parler.)
- *He's late: he probably got lost.* (Il est en retard : il s'est probablement perdu.)
- *He may have got lost.* (Il se peut qu'il se soit perdu.)
- *He must have got lost.* (Il a dû se perdre.)
- *I suppose he got lost.* (Je suppose qu'il s'est perdu.)
- *We may wonder whether different circumstances would really make things better.* (On peut se demander si des circonstances différentes auraient vraiment amélioré les choses.)
- *We may assume that the film director chose black and white to reinforce the character's dual personality.* (On peut supposer que le metteur en scène a choisi le noir et blanc pour accentuer la duplicité du personnage.)

Fiche **23** Vocabulaire

Parler d'événements passés ou futurs

L'essentiel du cours

LE COURS À ÉCOUTER

Évoquer le passé

- — *When did France win the Football World Cup?* (Quand la France a-t-elle remporté la Coupe du Monde de football ?)
  — *France won in 1998.* (La France a gagné en 1998.)
- — *When did it happen?* (Quand cela s'est-il passé ?)
  — *It happened yesterday/ the day before yesterday/ last week/ two days ago.* (Cela s'est passé hier/ avant-hier/ la semaine dernière/ il y a deux jours.
  — *It took place a long time ago/ in the 1800's/ in the nineteenth century.* (Cela s'est produit il y a longtemps/ dans les années 1800/ au XIXe siècle.)
- — *When did they last go to America?* (Quand se sont-ils rendus en Amérique pour la dernière fois ?)
  — *They last went to America in 1990.* (Ils se sont rendus en Amérique pour la dernière fois en 1990.)
  — *They haven't been there since the birth of their last child.* (Ils n'y sont pas allés depuis la naissance de leur dernier enfant.)
- — *Have you ever been to India?* (Es-tu jamais allé en Inde ?)
  — *Yes, I have. I went there when I was a student.* (Oui, j'y suis allé quand j'étais étudiant.)
- *He has already been to India: he went there twice, in 1980 and 1988.* (Il est déjà allé en Inde : il s'y est rendu deux fois, en 1980 et en 1988.)
- *You've been living in New York for three months: have you visited the Museum of Modern Art yet?* (Tu vis à New York depuis trois mois : as-tu déjà visité le musée d'art moderne ?)
- *It's not the first time they've had an accident.* (Ce n'est pas la première fois qu'ils ont un accident.)
- *It's the second time he's gone on strike.* (C'est la deuxième fois qu'il fait grève.)
- *It used to be a very popular place: it's not anymore.* (Cet endroit attirait beaucoup de monde auparavant : ce n'est plus le cas maintenant.)
- *I used to love reading science-fiction, but I've grown tired of it.* (J'adorais lire de la science-fiction, mais je m'en suis lassé(e).)
- *There used to be a school here when I was a kid.* (Il y avait une école ici quand j'étais gamin.)
- *I can't remember coming here.* (Je ne me souviens pas être déjà venu(e) ici.)

- *When we were on holiday, my father would spend his time sunbathing in the garden.* (Quand nous étions en vacances, mon père passait son temps à se prélasser au soleil dans le jardin.)
- *She was watching television when the phone rang.* (Elle était en train de regarder la télévision quand le téléphone sonna.)
- *The phone rang while she was watching television.* (Le téléphone sonna alors qu'elle regardait la télévision.)
- *When the police arrived, the burglars had already left.* (Quand la police arriva, les cambrioleurs avaient déjà disparu.)
- *In 1776 the USA became independent.* (Les États-Unis sont devenus indépendants en 1776.)
- *John F. Kennedy was assassinated on November 22nd 1963 in Dallas.* (John F. Kennedy a été assassiné le 22 novembre 1963 à Dallas.)
- *Under the Apartheid, Black people were discriminated against.* (Sous l'Apartheid, les Noirs souffraient de discrimination.)

Se projeter dans l'avenir

- — *When are you leaving?* (Quand pars-tu ?)
  — *I'm leaving tomorrow morning.* (Je pars demain matin.)
- — *What will you be doing in ten years' time?* (Que feras-tu dans dix ans ?)
  — *In ten years' time, I will be a doctor.* (Dans dix ans, je serai médecin.)
- — *What do you see yourself doing when you're 20?* (Que crois-tu que tu feras quand tu auras 20 ans ?)
  — *When I'm 20, I'll travel round the world.* (Quand j'aurai 20 ans, je voyagerai autour du monde.)
- *I'll go out as soon as I've finished my homework.* (Je sortirai dès que j'aurai fini mes devoirs.)
- *He will retire at 70.* (Il prendra sa retraite à 70 ans.)
- *Look! It's going to rain!* (Regarde ! Il va pleuvoir !)
- *By the year 2015, he will be promoted.* (D'ici 2015, il aura une promotion.)
- *Next week, I will be relaxing on a beach!* (La semaine prochaine, je me prélasserai sur une plage !)
- *I hope to hear from you in the near future.* (J'espère avoir de tes nouvelles dans un avenir proche.)

Indiquer un nombre, une quantité

L'essentiel du cours

Indiquer un nombre

	Cardinal	Ordinal
1	*one* (un)	*the first/ 1st* (le premier/ 1er)
2	*two* (deux)	*the second/ 2nd* (le deuxième/ 2e)
3	*three* (trois)	*the third/3rd* (le troisième/3e)
4	*four* (quatre)	*the fourth/ 4th* (le quatrième/ 4e)
5	*five* (cinq)	*the fifth/ 5th* (le cinquième/ 5e)
6	*six* (six)	*the sixth/ 6th* (le sixième/ 6e)
7	*seven* (sept)	*the seventh/ 7th* (le septième/ 7e)
8	*eight* (huit)	*the eighth/ 8th* (le huitième/ 8e)
9	*nine* (neuf)	*the ninth/ 9th* (le neuvième/ 9e)
10	*ten* (dix)	*the tenth/ 10th* (le dixième/ 10e)
11	*eleven* (onze)	*the eleventh/ 11th* (le onzième/ 11e)
12	*twelve* (douze)	*the twelfth/ 12th* (le douzième/ 12e)
13	*thirteen* (treize)	*the thirteenth/ 13th* (le treizième/ 13e)
14	*fourteen* (quatorze)	*the fourteenth/ 14th* (le quatorzième/ 14e)
15	*fifteen* (quinze)	*the fifteenth/ 15th* (le quinzième/ 15e)
16	*sixteen* (seize)	*the sixteenth/ 16th* (le seizième/ 16e)
17	*seventeen* (dix-sept)	*the seventeenth/ 17th* (le dix-septième/ 17e)
18	*eighteen* (dix-huit)	*the eighteenth/ 18th* (le dix-huitième/ 18e)
19	*nineteen* (dix-neuf)	*the nineteenth/ 19th* (le dix-neuvième/ 19e)
20	*twenty* (vingt)	*the twentieth/ 20th* (le vingtième/ 20e)
21	*twenty-one* (vingt-et-un)	*the twenty-first/ 21st* (le vingt-et-unième/ 21e)
22	*twenty-two* (vingt-deux)... etc.	*the twenty-second/ 22nd* (le vingt-deuxième/ 22e)
30	*thirty* (trente)	*the thirtieth/ 30th* (le trentième/ 30e)
40	*forty* (quarante)	*the fourtieth/ 40th* (le quarantième/ 40e)
50	*fifty* (cinquante)	*the fiftieth/ 50th* (le cinquantième/ 50e)
60	*sixty* (soixante)	*the sixtieth/ 60th* (le soixantième/ 60e)
70	*seventy* (soixante-dix)	*the seventieth/ 70th* (le soixante-dixième/ 70e)
80	*eighty* (quatre-vingts)	*the eightieth/ 80th* (le quatre-vingtième/ 80e)
90	*ninety* (quatre-vingt-dix)	*the ninetieth/ 90th* (le quatre-vingt-dixième/ 90e)
100	*one hundred* (cent)	*the hundredth/ 100th* (le centième/ 100e)

Indiquer une quantité

LE COURS
À ÉCOUTER

S'enquérir sur un prix, une quantité

- *How much does it cost?* (Combien cela coûte-t-il ?)
- *How much money do you have?* (Combien d'argent as-tu ?)
- *How many people will be at your wedding?* (Combien de personnes viendront à ton mariage ?)
- *How many books did he write?* (Combien de livres a-t-il écrit ?)

Exprimer une grande quantité

- *I drink a lot of coffee.* (Je bois beaucoup de café.)
- *They have many friends.* (Ils ont beaucoup d'amis.)
- *You've got plenty of time before your train leaves.* (Tu as beaucoup de temps avant le départ de ton train.)
- *There isn't much time left.* (Il ne reste pas beaucoup de temps.)

Exprimer une petite quantité

- *There's little milk in the fridge.* (Il y a peu de lait dans le frigo.)
- *There are few people outside.* (Il y a peu de gens dehors.)
- *Would you like a few potatoes?* (Voudrais-tu quelques pommes de terre ?)
- *Would you like a little sugar in your tea?* (Voudrais-tu un peu de sucre dans ton thé ?)

Exprimer une quantité indéfinie

- *I've bought some tea.* (J'ai acheté du thé.)
- *I've bought some oranges.* (J'ai acheté des oranges.)
- *I've got some money.* (J'ai de l'argent.)
- *He has had enough wine.* (Il a bu suffisamment de vin.)
- *I don't have enough time to go with you.* (Je n'ai pas assez de temps pour aller avec toi.)
- *All of the guests could come.* (Tous les invités ont pu venir.)
- *Some of them were late, but most of them were on time.* (Certains étaient en retard, mais la plupart étaient ponctuels.)

Exprimer l'excès

- *There's too much noise in this room!* (Il y a trop de bruit dans cette pièce !)
- *Don't eat too many sweets!* (Ne mange pas trop de bonbons !)
- *There's so much love in her eyes!* (Il y a tellement d'amour dans son regard !)
- *He's got so many hobbies!* (Il a tellement de loisirs !)

Organiser un raisonnement logique

L'essentiel du cours

Exprimer la cause, la conséquence

Cause

- *Don't ski off-piste because it's dangerous.* (Ne skie pas hors-piste, c'est dangereux.)
- *Since you're going to London next summer, you could buy me some tea.* (Puisque tu vas à Londres cet été, tu pourrais me rapporter du thé.)
- *Their plane had to be delayed because of the terrible weather conditions.* (Leur avion a dû être retardé en raison des terribles conditions météo.)
- *His parents are very strict; that's why he can never go out.* (Ses parents sont très sévères ; c'est pour cela qu'il ne peut jamais sortir.
- *As he was rather late, he decided to take a taxi.* (Comme il était assez en retard, il décida de prendre un taxi.)
- *He ruined all her plans out of sheer malice.* (Il a ruiné tous ses projets par pure malveillance.)
- *He will be punished for telling lies.* (Il sera puni pour avoir menti.)
- *Owing to a shoulder injury, he was unable to defend his title.* (En raison d'une blessure à l'épaule, il s'est trouvé dans l'incapacité de défendre son titre.)

Conséquence

- *He has always lived in England, so he's fluent in English!* (Il a toujours vécu en Angleterre, donc il parle parfaitement anglais !)
- *He never pays attention in class; as a consequence, he always gets terrible marks.* (Il n'écoute jamais en classe ; en conséquence de quoi, il a toujours de très mauvaises notes.)
- *As a result of their behaviour, they were both grounded for a month.* (À la suite de leur comportement, ils ont tous deux été consignés pendant un mois.)
- *He happened to be on the crime scene, therefore he was forced to answer a long questioning.* (Il se trouvait sur la scène du crime, il a donc dû répondre à un long interrogatoire.)

Opposition

- *Zidane is French whereas Beckam is English.* (Zidane est français alors que Beckam est anglais.)
- *We heard a big scream while we were watching television.* (Nous avons entendu un grand cri alors que nous regardions la télévision.)

- *In spite of/ Despite his attempts, he has failed at seducing her.* (Malgré ses tentatives, il n'est pas parvenu à la séduire.)
- *Although she is ill, she has managed to go to work.* (Bien qu'elle soit malade, elle s'est débrouillée pour aller travailler.)
- *You may be right, however you will have to apologize for being rude.* (Tu as peut-être raison, tu vas néanmoins devoir t'excuser pour avoir été impoli.)
- *Let her speak, otherwise we'll never get to know the story.* (Laisse-la parler, autrement nous ne connaîtrons jamais l'histoire.)
- *I never suspected you liked classical music, on the contrary I assumed you were not interested at all.* (Je ne me suis jamais douté que tu aimais la musique classique, au contraire, je supposais que cela ne t'intéressait pas du tout.)

But

- — *What did she go to the kitchen for?* (Pourquoi s'est-elle rendue à la cuisine ?)
— *To get some water.* (Pour prendre de l'eau.)
- *I did it to help you!* (Je l'ai fait pour t'aider !)
- *I came back early not to wake you up.* (Je suis rentré tôt pour ne pas te réveiller.)
- *The journalist wrote the article in order to cause astonishment.* (Le journaliste a écrit cet article dans le but de créer une vive surprise.)
- *The journalist's aim is to cause astonishment.* (Le but du journaliste est de créer une vive surprise.)
- *We'd better hurry so that they don't leave before we get there.* (Nous ferions mieux de nous dépêcher afin qu'ils ne partent pas avant que nous arrivions là-bas.)

Chronologie

- *Before he met her, he had never been to England.* (Avant de la rencontrer il n'était jamais allé en Angleterre.)
- *David Cameron was elected Prime Minister after Gordon Brown.* (David Cameron a été élu premier ministre après Gordon Brown.)
- 1) *First, you need butter, sugar, flour.* (Tout d'abord, vous avez besoin de beurre, de sucre, de farine.)
2) *Then you mix the flour with the butter.* (Mélangez ensuite la farine et le beurre.)
3) *Afterwards, you add the sugar and the milk.* (Ajoutez après le sucre et le lait.)
4) *At last/ Finally, you cut out shapes in the dough.* (Enfin, découpez des formes dans la pâte.)

Exprimer un sentiment

L'essentiel du cours

LE COURS À ÉCOUTER

Exprimer le mécontentement, la colère

- *I'm angry because he didn't call me.* (Je suis en colère parce qu'il ne m'a pas appelé(e).)
- *I'm angry with him.* (Je suis en colère contre lui.)
- *I'm so mad at you right now!* (Je suis furieux(se) contre toi !)
- *You're getting on my nerves!* (Tu me tapes sur les nerfs !)
- *I've had enough of all your nonsense!* (J'en ai assez de toutes tes bêtises !)
- *I'm fed up with you!* (J'en ai marre de toi !)
- *I'm fed up with your lying all the time!* (J'en ai marre que tu mentes sans arrêt !)
- *I can't stand this situation!* (Je ne supporte plus cette situation !)
- *You should be ashamed of yourself!* (Tu devrais avoir honte !)

Exprimer l'impatience

- *Don't be so impatient!* (Ne sois pas si impatient(e) !)
- *I'm so looking forward to being on holiday!* (J'ai tellement hâte d'être en vacances !)
- *I'm dying to see this band in concert!* (Je meurs d'envie de voir ce groupe en concert !)
- *I can't wait to tell you how it went!* (Je suis très impatient(e) de te dire comment cela s'est passé !)
- *The passengers are becoming impatient: they've been waiting for more than an hour.* (Les passagers s'impatientent : cela fait plus d'une heure qu'ils attendent.)

Exprimer la tristesse

- *We're very sad to move.* (Nous sommes très tristes de déménager.)
- *The story of those kids is heartbreaking.* (L'histoire de ces enfants fend le cœur.)
- *We were very upset when we heard the news.* (La nouvelle nous a bouleversé(e)s.)
- *How sad!* (Que c'est triste !)
- *What a shame!* (Quel dommage !)
- *What a painful experience!* (Quelle expérience éprouvante !)

Exprimer le reproche

- *I wish you had told me.* (Je regrette que tu ne me l'aies pas dit.)
- *If only you had told me!* (Si seulement tu me l'avais dit !)
- *You should have told me.* (Tu aurais dû me le dire.)
- *Why didn't you tell me before?* (Pourquoi ne pas me l'avoir dit avant ?)
- *What a stupid thing to do!* (C'est complètement stupide de faire ça !)
- *How stupid of you!* (Que c'est bête de ta part !)
- *You're the only one to blame!* (Tu es la/le seul(e) responsable !)
- *His parents blamed him for being late.* (Ses parents lui ont reproché d'être en retard.)

Exprimer la satisfaction, la joie

- *I'm so happy!* (Je suis si heureux(se) !)
- *I'm very pleased with your work.* (Je suis très content(e) de votre travail.)
- *I'm very glad you could come!* (Je suis ravi(e) que vous ayez pu venir !)
- *What a nice surprise!* (Quelle bonne surprise !)
- *How fantastic!* (C'est fantastique !)
- *Great! Fantastic! Brilliant!* (Excellent ! Fantastique ! Fabuleux !)
- *This is the best book I've ever read!* (C'est le meilleur livre que j'ai jamais lu !)

Exprimer l'admiration

- *What a great idea!* (Quelle excellente idée !)
- *He is so talented!* (Il a tellement de talent !)
- *I can't believe it!* (Je n'arrive pas à le croire !)
- *This is such a beautiful landscape!* (Quel paysage magnifique !)

Exprimer l'indifférence

- *As you like it.* (Comme tu veux.)
- *It's up to you.* (C'est toi qui décides.)
- *Why not?* (Pourquoi pas ?)
- *It doesn't matter to me.* (Cela m'importe peu.)
- *I don't care.* (Cela m'est égal.)
- *I couldn't care less.* (Je m'en contrefiche.)
- *I don't mind.* (Cela ne me dérange pas.)

Fiche 27 Vocabulaire

Émettre une opinion, un ordre, un conseil

L'essentiel du cours

LE COURS À ÉCOUTER

Donner son avis

- *I think it's going to rain.* (Je pense qu'il va pleuvoir.)
- *I believe you didn't tell me the truth.* (Je crois que tu ne m'as pas dit la vérité.)
- *I feel that it's our last chance.* (Je sens que c'est notre dernière chance.)
- *I'm aware of the problem.* (J'ai conscience du problème.)
- *It seems to me that it's going to rain.* Il me semble qu'il va pleuvoir.
- *In my opinion/ To my mind...* (À mon avis/ D'après moi...)

Exprimer son accord

- *I (totally) agree with you.* (Je suis (complètement) d'accord avec toi.)
- *You're right when you say that...* (Tu as raison quand tu dis que...)
- — *I think it's going to rain.* (Je pense qu'il va pleuvoir.)
— *So do I.* (Je le pense aussi.)
- —*I love you.* (Je t'aime.)
— *I do too.* (Moi aussi.)
- —*I don't want to go to the cinema tonight.* (Je ne veux pas aller au cinéma ce soir.)
— *I don't either.* (Moi non plus.)
- — *I don't think we'll win that game.* (Je ne pense pas qu'on gagnera ce match.)
— *Neither do I.* (Moi non plus.)

Exprimer son désaccord

- *I don't agree with you/ I disagree with you.* (Je ne suis pas d'accord avec vous.)
- *I think you're wrong.* (Je pense que vous avez tort.)
- *It can't be true.* (Cela ne peut pas être vrai.)
- *I find it very hard to believe.* (Je trouve que c'est très difficile à croire.)
- *I don't share your point of view.* (Je ne partage pas votre point de vue.)
- *It's absolutely wrong!* (C'est complètement faux !)
- *This is nonsense/ stupid!* (C'est absurde/ idiot !)
- *Surely not! Definitely not!* (Sûrement pas ! Absolument pas !)
- *Come off it!* (Laisse tomber !)

Exprimer ses préférences

- *I prefer playing video games to playing football.* (Je préfère jouer aux jeux vidéo qu'au football.)
- *I'd rather play video games than play football.* (Je préfèrerais jouer aux jeux vidéo plutôt qu'au football.)
- *I'd rather you didn't tell him before me.* (Je préfèrerais que tu ne lui dises pas avant moi.)
- *I like history better than geography.* (J'aime mieux l'histoire que la géographie.)
- *It's history that I like best.* (C'est l'histoire que je préfère.)
- *I feel more like reading than watching television.* (J'ai plus envie de lire que de regarder la télévision.)
- *My favourite singer is...* (Mon chanteur/ ma chanteuse préféré(e) est...)

Interdire

- *Smoking at school is forbidden.* (Il est interdit de fumer à l'école.)
- *You're not allowed to use mobile phones here.* (Il ne vous est pas permis d'utiliser vos téléphones portables ici.)
- *It's strictly forbidden.* (C'est strictement interdit.)
- *It's against the rules.* (C'est contre le règlement.)
- *You mustn't smoke!* (Vous n'avez pas le droit de fumer !)
- *I forbid you to go out!* (Je t'interdis de sortir !)
- *No way!* (C'est hors de question !)

Autoriser

- *You can finish the cake: I'm not hungry anymore.* (Tu peux finir le gâteau : je n'ai plus faim.)
- *You may call him if you want.* (Tu as la permission de l'appeler si tu veux.)
- *You're allowed to go out on Friday night.* (Tu as le droit de sortir vendredi soir.)
- *—Is it okay if I open the window?* (Ça va si j'ouvre la fenêtre ?)
— *Yes sure!/ Go ahead!* (Bien sûr !/ Je t'en prie, vas-y !)

Suggérer

- *How about going to the cinema?* (Que dirais-tu d'aller au cinéma ?)
- *What about going to Spain next summer?* (Que dirais-tu d'aller en Espagne cet été ?)

Quelques mots usuels

L'essentiel du cours

Communication

- *a name:* un nom
- *a Christian name:* un prénom
- *a surname:* un nom de famille
- *to say:* dire
- *to tell:* dire, raconter
- *to talk to:* parler à
- *to ask:* demander
- *to ask a question:* poser une question
- *to answer:* répondre
- *to write:* écrire
- *a letter:* une letter
- *a postcard:* une carte postale
- *an envelope:* une enveloppe
- *a stamp:* un timbre
- *a letterbox:* une boîte aux lettres
- *a post office:* un bureau de poste
- *to send a letter:* envoyer une lettre
- *to answer a letter:* répondre à une lettre
- *to phone/ to ring:* téléphoner
- *to make a phone call:* passer un coup de fil
- *to call somebody:* appeler quelqu'un
- *to answer the telephone:* répondre au téléphone
- *a phone number:* un numéro de téléphone
- *a phone box:* une cabine téléphonique
- *a phone book:* un annuaire
- *a phone card:* une carte de téléphone
- *to ring back:* rappeler
- *hold on/ hang on:* ne quittez pas

Espace

- *in:* dans
- *on:* sur
- *between:* entre
- *in the middle of:* au milieu de
- *under:* sous, au-dessous de
- *over:* sur, au-dessus de
- *in front of:* devant
- *behind:* derrière
- *on the left:* à gauche
- *on the right:* à droite
- *near:* près de
- *beside/ next to:* à côté de
- *here:* ici
- *there, over there:* là-bas

Temps qui passe

- *an hour:* une heure
- *a day:* un jour
- *today:* aujourd'hui
- *this morning:* ce matin
- *this afternoon:* cet après-midi
- *this evening:* ce soir
- *yesterday:* hier
- *tomorrow:* demain

- *every day:* tous les jours
- *a week:* une semaine
- *last week:* la semaine dernière
- *next week:* la semaine prochaine
- *a month:* un mois
- *a year:* une année
- *a century:* un siècle
- *now:* maintenant
- *a long time ago:* il y a longtemps
- *then:* alors
- *when:* quand
- *often:* souvent
- *always:* toujours
- *never:* jamais
- *soon:* bientôt
- *as soon as:* aussitôt que
- *already:* déjà
- *usually:* d'habitude
- *once:* une fois
- *whenever:* à chaque fois que
- *at once:* tout de suite
- *afterwards:* ensuite
- *until now:* jusqu'à maintenant
- *recently:* récemment
- *nowadays:* de nos jours

Sentiments

- *to like:* bien aimer
- *to love:* aimer
- *to hate:* detester
- *to prefer:* préférer
- *to feel happy:* se sentir heureux
- *to be glad:* être content
- *to be sad:* être triste
- *to cry:* pleurer
- *to laugh:* rire
- *to be proud of:* être fier de
- *to feel guilty:* se sentir coupable
- *to be ashamed of:* avoir honte de
- *to be disappointed:* être déçu
- *to be nervous:* être nerveux
- *to be miserable:* être malheureux
- *to be upset:* être bouleversé
- *to be sorry:* être désolé
- *to be angry:* être en colère
- *to be worried:* être inquiet
- *to be afraid:* avoir peur
- *to be jealous:* être jaloux

Opinions

- *to think:* penser
- *to believe in:* croire en
- *to agree with:* être d'accord avec
- *to disagree with:* être en désaccord avec
- *however:* cependant
- *although:* bien que
- *and yet:* et pourtant
- *in fact:* en fait
- *actually:* à vrai dire
- *to my mind/ in my opinion:* à mon avis
- *according to her:* d'après elle

Pays anglophones

L'essentiel du cours

Royaume-Uni

- *The United Kingdom is composed of four countries: England, Scotland, Wales and Northern Ireland.* (Le Royaume-Uni se compose de quatre pays : l'Angleterre, l'Écosse, le Pays de Galles et l'Irlande du Nord.)
- Capitale : *London* (Londres)
- Grandes villes : Birmingham, Glasgow, Manchester, Édimbourg, Liverpool
- Monnaie : Livre Sterling (£)
- Devise : Dieu et mon droit
- Hymne national : *God save the Queen*
- Fête nationale : premier, deuxième ou troisième samedi de juin (anniversaire officiel de la reine).

Angleterre

- Capitale : *London* (Londres)
- Grandes villes : Birmingham, Manchester, Bristol
- Monnaie : Livre Sterling (£)
- Devise : Dieu et mon droit
- Hymne national : *God save the Queen*

Écosse

- Capitale : Édimbourg
- Grande ville : Glasgow
- Monnaie : Livre Sterling (£)
- Devise : *In My Defens God Me Defend* (Dans ma défense Dieu me défend)
- Hymne national : *Flower of Scotland/ Scotland the Brave*
- Fête nationale : 30 novembre, jour de la Saint André (Saint Andrew's Day)

Pays de Galles

- Capitale : Cardiff
- Grandes villes : Swansea, Newport
- Monnaie : Livre Sterling (£)
- Devise (en gallois) : *Hen Wlad Fy Nhadau* (Vieux pays de mes pères)
- Hymne national (en gallois) : *Y Ddraig Goch Ddyry Cychwyn* (le Dragon rouge inspire l'action), et *Cymru am byth* (Pays de Galles pour toujours)
- Fête nationale : 1er mars, jour de la Saint-David (*Dydd Gwyl Dewi* en gallois)

Irlande du Nord

- Capitale : Belfast
- Grande ville : Derry
- Monnaie : Livre Sterling (£)

Irlande

- Capitale : Dublin
- Grandes villes : Corck, Galway, Limerick
- Monnaie : Euro (€)
- Devise (en irlandais) : *Éire go deo* (L'Irlande toujours)
- Hymne national : *A Soldier's Song* (*Amhrán na bhFiann* en irlandais)
- Fête nationale : 17 mars, jour de la Saint Patrice (*Saint Patrick's Day*)

États-Unis

- Capitale : Washington D.C.
- Grandes villes : New York, Los Angeles, Chicago, Houston, Philadelphie
- Monnaie : Dollar américain ($)
- Devise : *In God We Trust* (En Dieu nous avons foi)
- Hymne national : *The Star-Spangled Banner*
- Fête nationale : 4 juillet (déclaration d'indépendance)

Canada

- Capitale : Ottawa
- Grandes villes : Toronto, Montréal, Calgary, Vancouver, Québec
- Monnaie : Dollar canadien (CAD)
- Devise (en latin) : *A muri usque ad mare* (D'un océan à l'autre)
- Hymne national : Ô Canada
- Fête nationale : 1er juillet (confédération du Canada)

Australie

- Capitale : Canberra
- Grandes villes : Sydney, Melbourne, Brisbane, Perth, Adelaide
- Monnaie : Dollar australien (AUD)
- Devise : *Advance Australia Fair* (Avance belle et juste Australie)
- Hymne national : *Advance Australia Fair*
- Fête nationale : 26 janvier, *Australia Day* (débarquement des premiers colons anglais en 1788)

Mots empruntés d'une langue à l'autre

L'essentiel du cours

Mots français empruntés à la langue anglaise

En français, nous utilisons beaucoup de mots qui viennent de l'anglais. Voici quelques exemples :

- **A**: ace
- **B**: baby-foot, baby-sitter, bacon, badge, bar, barbecue, barman, bermuda, best of, best-seller, black-out, blazer, blues, bluff, blush, bobsleigh, boom, boss, bowling, break, brunch, building, bulldozer, bungalow, bus, business, businessman
- **C**: caddie, cardigan, cash, casting, challenge, check-up, chewing-gum, chips, club, coach, cocktail, cool, corn flakes, corner, cowboy, cracker
- **D**: dancing, disc-jockey, discount, dribble, drink, drive/driver
- **E**: express, eye-liner
- **F**: fair-play, fan, fast-food, feeling, ferry, flash-back, flipper, flirt, football, footing, freezer, fuel

- **G**: gag, gang, gentleman, globe-trotter, goal, gospel, green, groggy, groom
- **H**: hall, hamburger, has been, hi-fi, hit parade, hobby, hold-up, hot-dog, hype
- **I**: iceberg interview
- **J**: jackpot, jean (*blue jean* vient du français « bleu de gênes »), jingle, job, jogging, juke-box
- **K**: ketchup, kidnapping
- **L**: label, laser, leader, leggings, lift, lob/lober, lobby, look
- **M**: magnet, mail, manager, marketing, marshmallow, match, milk-shake, miss, motel, motion, muffin, music-hall
- **N**: night-club, non-stop, nurse
- **O**: one-man-show, outsider
- **P**: panel, paquebot, parking, patchwork, pedigree, penalty, performance, pick-pocket, piercing, pin's, planning, play-back, poker, poney (vient de l'ancien français « poulenet »), pop-corn, porridge, poster, pressing, prime-time, pull-over, puzzle
- **Q**: quiz
- **R**: rail, remake, revolver, ring, rocking-chair, roller, rosbif, royalties, rush
- **S**: sandwich, scoop, self-control, self-service, shoot, shopping, show, show-business, skateboard, skipper, slogan, snack, snob, spleen, sponsor, sport, spot,

sprint, squatter, standard, standing, standing ovation, star, steak, steward, stop, stress, superstar, surf, suspense, sweat-shirt

- **T**: talkie-walkie, tank, test, thriller, ticket, toast, t-shirt
- **W, Y, Z**: week-end, yacht, zoom

Mots anglais empruntés à la langue française

Les anglophones utilisent eux aussi des mots ou des expressions qui viennent d'autres langues, et en particulier du français.
Voici quelques exemples :

- **A** : adieu, amour-propre, aperçu, apéritif, au courant, au pair, au revoir, avant-garde
- **B** : baguette, ballet, beau geste, billet-doux, bon appétit, bon vivant, bon voyage, bouquet (de fleurs), bourgeois, boutique, bric-a-brac, brioche
- **C** : café, café au lait, carte blanche, c'est la vie, chaise longue, chauffeur, chef-d'œuvre, chic, chignon, cliché, cordon bleu, coup de foudre, coup d'état, couturier, crèche (Noël), crème brûlée, crêpe suzette, cuisine (correspond à un type particulier de cuisine, on va par exemple dire « French cuisine » pour parler de la nourriture française), cul-de-sac
- **D** : déjà vu, demi-sec, dénouement, dérailleur, dernier cri
- **E** : eau de toilette, eau-de-vie, éclair (désigne la pâtisserie), en garde (utilisé en escrime), encore (permet de demander un rappel à un artiste à la fin de son spectacle), ennui, entente (entre deux pays), entrée (repas), escargot (uniquement en cuisine), excusez-moi
- **F** : faux pas, femme fatale, fiancé, fiancée, flambé (à l'alcool), foie gras
- **G** : garçon (garçon de café)
- **H** : haute couture
- **J** : joie de vivre
- **L** : laissez-passer, le mot juste
- **M** : madame, mardi Gras
- **N** : naïve (que ce soit un garçon ou une fille), n'est-ce pas ?
- **O** : œuvre, oh là là, omelette
- **P** : papier-mâché, par avion, patois, peloton (uniquement en sport), petit four, pied-à-terre, plat du jour, potpourri, première (n'est utilisé que pour parler de la première d'un spectacle ou d'un film), prêt-à-porter, protégé(e)
- **R** : raison d'être, renaissance, rendez-vous, restaurant, résumé (mot utilisé aux États-Unis pour désigner un curriculum vitae)
- **S** : sabotage, savoir-faire, soirée, soupçon (au sens de « un tout petit peu » de quelque chose), souvenir (désigne l'objet que l'on rapporte de voyage)
- **T** : tête-à-tête, touché (à l'origine, mot propre à l'escrime, maintenant signifie « tu m'as eu »), tour de force, tout de suite, trompe l'œil
- **V** : vinaigrette, vis-à-vis, voilà, volte-face

Faux-amis

L'essentiel du cours

Les faux-amis sont des mots anglais qui ressemblent à des mots français mais qui ont un sens tout différent. Voici une liste des mots qui peuvent porter à confusion.

Faux-amis anglais	Traduction en français	Faux-amis français	Traduction en anglais
To abuse	Insulter	Abuser	*To take advantage*
To achieve	Réaliser	Achever	*To complete*
Actual	Réel	Actuel	*Present, current*
Actually	En fait	Actuellement	*At present*
Advertisement	Réclame, publicité	Avertissement	*Warning*
Advice	Conseil	Avis	*Opinion*
Appointment	Rendez-vous	Appointement	*Wages, nomination*
To attend	Assister à	Attendre	*To wait*
To attire	Vêtir	Attirer	*To attract*
Balance	Equilibre	Balance	*Scales*
Band	Orchestre	Bande	*Gang*
Bride	Mariée	Bride	*Bridle*
Caution	Prudence	Caution	*Guarantee*
Cave	Caverne	Cave	*Cellar*
Chance	Occasion	Chance	*Luck*
Character	Personnage	Caractère	*Nature*
Coin	Pièce de monnaie	Coin	*Corner*
College	Faculté	Collège	*Middle School*
Comprehensive	Complet	Compréhensif	*Understanding*
Conductor	Contrôleur	Conducteur	*Driver*
Confidence	Confiance	Confidence	*Secret*
Considerate	Attentionné	Considéré	*Respected*
To cry	Pleurer	Crier	*To shout, yell, scream*
Data	Données	Date	*Date*
To deceive	Tromper	Décevoir	*Disappoint*
Delay	Retard	Délai	*Time limit*
To demand	Exiger	Demander	*To ask (for)*
To dispose	Se débarrasser	Disposer	*To arrange*
To embrace	Serrer dans ses bras	Embrasser	*To kiss*
To err	Se tromper	Errer	*To wander*
Estate	Propriété	Etat	*State*
Eventually	Finalement	Eventuellement	*Possibly*

Faux-amis anglais	Traduction en français	Faux-amis français	Traduction en anglais
Evidence	Indice, preuve	Evidence	*Patent fact*
Figure	Chiffre	Figure	*Face*
Fortunate	Chanceux	Fortuné	*Wealthy, well-off*
Four	Quatre	Four	*Oven*
Franchise	Droit de vote ; licence	Franchise	*Frankness*
Furniture	Meubles	Fournitures	*Supplies*
Gentle	Doux	Gentil	*Nice, kind*
Grand	Imposant	Grand	*Big, tall*
Grape	Raisin	Grappe	*Bunch*
Grave	Tombe	Grave	*Serious*
Grief	Chagrin	Grief	*Grievance*
Guardian	Tuteur	Gardien	*Keeper*
Habit	Habitude	Habit	*Dress, clothes*
Hazard	Danger	Hasard	*Chance*
Inconvenient	Inopportun	Inconvenant	*Improper*
To injure	Blesser	Injurier	*To insult*
Issue	Sujet, problème	Issue	*Way out, exit*
Journey	Voyage	Journée	*Day*
Labour	Travail	Labour	*Ploughing*
Large	Gros, volumineux	Large	*Wide*
Lecture	Conférence	Lecture	*Reading*
Library	Bibliothèque	Librairie	*Bookstore, bookshop*
Location	Emplacement	Location	*Renting, lease*
To march	Défiler au pas	Marcher	*To walk*
Mercy	Miséricorde	Merci	*Thanks*
Mess	Désordre, pagaille	Messe	*Mass*
Notice	Avis, préavis	Notice	*Instructions*
Pain	Douleur	Pain	*Bread*
Phrase	Expression	Phrase	*Sentence*
Prejudice	Préjugé	Préjudice	*Damage*
Presently	Bientôt	À présent	*At present, now*
To pretend	Faire semblant	Prétendre	*To claim, to affirm*
To prevent	Empêcher	Prévenir	*Warn*
Proper	Correct, comme il faut	Propre	*Clean ; own*
Prune	Pruneau	Prune	*Plum*
To range	Parcourir	Ranger	*To tidy*
To recover	Se rétablir	Recouvrir	*To cover*
To regard	Considérer	Regarder	*To look (at)*
To relieve	Soulager	Relever	*To raise back up*
Rest	Repos	Reste	*Remainder, rest*
To resume	Recommencer	Résumer	*To sum up*

Fiche 32 Vocabulaire

Expressions de la vie courante (1)

L'essentiel du cours

LE COURS À ÉCOUTER

Dire bonjour

- En général :

Hello! (Bonjour !)

- Selon le moment de la journée :

Good morning. (Bonjour !)
Good afternoon. (Bon après-midi !)
Good evening. (Bonsoir !)

- À des amis :

Hi. (Salut !)

- Les expressions les plus polies :

How do you do. (Enchanté.)

Dire au revoir

- L'expression la plus courante :

Goodbye. (Au revoir !)

- Le soir :

Good night. (Bonne nuit !)

- Entre amis ou proches :

Bye bye. (Salut !)
Have a nice day. (Passe une bonne journée !)

- Quand on va revoir la personne prochainement :

See you soon! (À bientôt !)
See you later! (À plus tard !)

Rencontres

- Se présenter :

My name's Charlie. (Je m'appelle Charlie.)
I'm English. (Je suis anglais.)

- Présenter quelqu'un :

This is Barbara. (C'est Barbara.)
She's Scottish. (Elle est écossaise.)

- Rencontrer quelqu'un :

Nice to meet you. (Ravi de faire votre connaissance.)

Prendre des nouvelles

- Prendre des nouvelles de quelqu'un :

How are you? (Comment vas-tu ?)
What's up? (Quoi de neuf ?)

- Les réponses habituelles :

Everything is OK. (Tout va bien !)
(I'm) fine, thanks. (Je vais bien, merci.)
Very well, thank you. And you? (Très bien, merci, et toi ?)

- Quand on ne va pas très bien :

I'm not feeling so well. (Je ne vais pas très bien.)

Remercier

- Les expressions les plus courantes :

Thank you./ Thanks. (Merci.)
Thank you very much./ Thanks very much. (Merci beaucoup.)

- Remercier avec insistance :

It's very kind/ nice of you. (C'est très gentil à vous.)

- Répondre à un remerciement :

That's all right. (Je vous en prie.)
You're welcome./ Don't mention it. (Il n'y a pas de quoi.)

S'excuser

- Présenter ses excuses :

Sorry. (Désolé.)

- Refuser une invitation :

Thanks for the invitation, but... (Merci pour l'invitation, mais...)

Exprimer des vœux

- Souhaiter bonne chance :

Good luck. (Bonne chance.)

- Souhaiter une bonne fête :

Happy birthday! (Bon anniversaire !)
Merry Christmas! (Joyeux Noël !)
Happy New Year! (Bonne année !)

- Après un éternuement :

Bless you. (À tes souhaits.)

- Porter un toast :

Cheers! (À votre santé !)

Exprimer un désir, une volonté

- Exprimer un désir : *I'd like to* (+ base verbale)

Ex. : *I'd like to make an appointment.* (J'aimerais prendre un rendez-vous.)

- Exprimer une volonté : *I want to* (+ base verbale)

Ex. : *I want to be an astronaut.* (Je veux être cosmonaute.)

Fiche 33 | Vocabulaire

Expressions de la vie courante (2)

L'essentiel du cours

LE COURS À ÉCOUTER

Approuver

- Approuver :

Good! (C'est bien !)
That's a good idea! (C'est une bonne idée !)

- Dire que l'on est d'accord :

OK! (D'accord !)
All right! (Entendu !)
I agree with you. (Je suis d'accord avec toi.)

Désapprouver

- Désapprouver :

That's stupid! (C'est stupide !)
What a silly idea! (Quelle idée !)

- Dire que l'on n'est pas d'accord :

I don't think so. (Je ne crois pas.)
Of course not! (Bien sûr que non !)
I don't agree./ I disagree. (Je ne suis pas d'accord.)
I disagree with you. (Je ne suis pas d'accord avec toi.)

Exprimer sa satisfaction ou sa déception

- Sa satisfaction :

Great! (Génial !)
Wonderful! (Merveilleux !)
Fantastic! (Formidable !)
Very interesting! (Très intéressant !)
What great news! (Quelle bonne nouvelle !)

- Sa déception :

Oh, no! (Oh, non !)
Hard luck!/ Bad luck! (Pas de chance !)
What a pity! (Quel dommage !)
How sad! (Que c'est triste !)

Attirer l'attention

- Attirer le regard :

Look! (Regarde !)
Look at that plane! (Regarde cet avion !)

- Réclamer l'attention :

Lady, please! (Madame, s'il vous plait !)
Excuse me... (Pardon...)
Listen!/ Listen to this! (Écoute !/ Écoutez !)

Demander l'heure

- Demander l'heure :

What time is it? (Quelle heure est-il ?)

- Répondre :

It's one o'clock. (Il est une heure.)
It's half past one. (Il est une heure et demie.)
It's a quarter to one. (Il est une heure moins le quart.)
It's midday./ It's noon. (Il est midi.)
It's midnight. (Il est minuit.)

Se renseigner sur une personne

- Renseignements personnels :

What's your name? (Comment t'appelles-tu ?)
Where do you live? (Où habites-tu ?)
How old are you? (Quel âge as-tu ?)
Where are you from? (D'où viens-tu?)

- Renseignements professionnels :

What do you do?/ What's your job? (Quel est votre métier ?)
What do you do for a living? (Qu'est-ce que vous faites comme travail ?)

Demander son chemin

- Les questions :

Is it far? (Est-ce que c'est loin ?)
Excuse me, how do I get to London? (Excusez-moi, comment puis-je rejoindre Londres ?)

- Les réponses :

Keep going straight. (Vous allez tout droit.)
Turn right/ left... (Tournez à droite/ à gauche...)
It's not far at all. (C'est à deux pas...)

Parler du temps

- Demander des informations :

What's the weather like? (Quel temps fait-il ?)

- Décrire le temps :

It's nice out. (Il fait beau.)
It's hot. (Il fait très chaud.)
It's cold. (Il fait froid.)
It's raining. (Il pleut.)

Fiche **34** Vocabulaire

Expressions de la vie courante (3)

L'essentiel du cours

LE COURS À ÉCOUTER

Suggérer de faire quelque chose

- Proposer une activité : *Let's* (+ base verbale)

Ex. 1 : *Let's go shopping, Barbara!* (Allons faire des courses, Barbara !)
Ex. 2 : *How about going to the cinema?* (Si on allait au cinéma ?)

- Suggérer une activité :

Ex. 1 : *Shall we go to the cinema?* (Et si on allait au cinéma ?)
Ex. 2 : *What about going to the cinema?* (Que dirais-tu d'aller au cinéma ?)

Exprimer une obligation

- Donner un ordre : on met le verbe concerné à l'impératif.

Ex. 1 : *Come on!* (Allez !)
Ex. 2 : *Sit down!* (Assieds-toi ! /Asseyez-vous !)

- Avec le verbe *must* : *I must* (+ base verbale)

Ex. : *I must do my homework.* (Je dois faire mes devoirs.)

- Avec le verbe *have* : *I have to...* (+ base verbale)

Ex. : *I have to do my homework.* (Je dois faire mes devoirs.)

Interdire

- Par un ordre négatif : *Don't* (+ forme verbale)

Ex. : *Don't open the window.* (N'ouvre pas la fenêtre !)

- Avec le verbe *stop* :

Ex. : *Stop eating!* (Arrête de manger !)

- Avec le verbe *must* :

Ex. : *You mustn't park here.* (Il est interdit de se garer ici.)

- Avec le verbe *can't* :

Ex. : *You can't park here.* (Vous ne pouvez pas vous garer ici.)

Prendre un moyen de transport

- Prendre son ticket :

A one-way ticket to London, please. (Un aller simple pour Londres, s'il vous plaît.)
A round-trip ticket to London, please. (Un aller-retour pour Londres, s'il vous plaît.)

- Se renseigner sur les horaires :

What time does the train for London leave? (À quelle heure part le train pour Londres ?)

Faire des courses

- Demander un article au vendeur :

Two pounds of bananas, please. (Deux livres de bananes, s'il vous plaît.)
I'm looking for a pair of shoes. (Je voudrais acheter une paire de chaussures.)

- Demander le prix :

How much is it? (Combien est-ce ?)
How much does it cost? (Combien cela coûte-t-il ?)

- Répondre :

It costs a lot. (Ça vaut cher.)
It's expensive. (C'est cher.)
It's cheap. (C'est bon marché.)

Au café ou au restaurant

- Le garçon s'adressant à un client :

What would you like? (Que désirez-vous ?)

- Le client :

Do you have orange juice? (Avez-vous du jus d'orange ?)
I'll have ice cream. (Je voudrais une glace.)
The bill, please. (L'addition, s'il vous plaît.)

Chez des amis, à table

- La personne qui reçoit :

A little more roast beef? (Encore un peu de rôti ?)
Help yourself. (Servez-vous.)
Some more roast beef? (Encore un peu de rosbif ?)

- L'invité :

Yes, please. (Je veux bien.)
Yes, please, it's delicious. (Oui, merci, c'est très bon.)
No thank you. I'm not hungry anymore. (Merci, je n'ai plus faim.)

Chez le médecin

- Le médecin :

How can I help you? (Qu'est-ce que je peux faire pour vous ?)
How do you feel? (Comment vous sentez-vous ?)
What's the matter? (Qu'avez-vous ?)
What's wrong? (Qu'est-ce qui ne va pas ?)
Let me take your blood pressure. (Je vais vous prendre la tension.)

- Le patient :

I've got a headhache. (J'ai mal à la tête.)
I've got temperature./ I'm running a fever. (J'ai de la fièvre.)
I've got a sore throat. (J'ai mal à la gorge.)
My foot hurts. (J'ai mal au pied.)

Composition : Linéale Production.
Achevé d'imprimer par Lesaffre en Belgique en septembre 2015.
Dépôt légal : septembre 2015.